Gisela Süselbeck

Aufbau eines Grundwortschatzes: Klasse 3 und 4

Lehrer-Bücherei: Grundschule

Herausgegeben von
Horst Bartnitzky und Reinhold Christiani

Gisela Süselbeck

Aufbau eines Grundwortschatzes: Klasse 3 und 4

•

Methodische Grundlagen

•

Erarbeitung und Übung

•

Arbeitstechniken

Cornelsen
SCRIPTOR

Für Karl-Heinz, Kai, Michael und Marc

Gedruckt auf chlorfrei gebleichtem Papier
ohne Dioxinbelastung der Gewässer

Deutsche Bibliothek – CIP-Einheitsaufnahme

Süselbeck, Gisela:
Aufbau eines Grundwortschatzes: Klasse 3 und 4: methodische Grundlagen, Erarbeitung und Übung, Arbeitstechniken / Gisela Süselbeck. – Berlin: Cornelsen Scriptor, 1996
(Lehrer-Bücherei : Grundschule)
ISBN 3-589-05018-7

4. 3. 2. 1. Die letzten Ziffern bezeichnen
99 98 97 96 Zahl und Jahr des Drucks.

Umschlaggestaltung: Studio Lochmann, Frankfurt am Main
Satz: FROMM MediaDesign GmbH, Selters/Ts.
Druck und Bindung: Clausen & Bosse, Leck
Printed in Germany
ISBN 3-589-05018-7
Bestellnummer 50187

Inhalt

1. Richtig schreiben lernen mit dem Grundwortschatz

Die deutsche Rechtschreibung ist schwierig, und sie bleibt auch schwierig. Die lange erwartete Rechtschreibreform bringt mit ihren Neuregelungen kaum Erleichterungen für das Erlernen des Rechtschreibens in der Grundschule. Eine angemessene Beherrschung der Rechtschreibung ist jedoch für schulisches Lernen und außerschulisches Leben und Lernen der Kinder notwendig.
In der Grundschule geht es darum, allen Kindern die Chance zu geben, richtig schreiben zu lernen, d. h., ein vernünftiges Maß an Rechtschreibkönnen zu vermitteln, tragfähige Grundlagen zu schaffen für einen kontinuierlichen Ausbau der Rechtschreibfertigkeiten und -fähigkeiten bis zum Ende der Schulzeit und darüber hinaus. Ein vernünftiges Maß an Rechtschreibsicherheit zu vermitteln bedeutet, aus den objektiven Schwierigkeiten des Lerngegenstandes (die deutsche Orthographie) und den subjektiven Lernmöglichkeiten der Kinder in der vorgegebenen Unterrichtszeit erreichbare Lernziele und -wege festzulegen. Aufbau und Sicherung eines quantitativ begrenzten Grundwortschatzes ist in den Lehrplänen aller Bundesländer als Ziel und Weg des Rechtschreiblernens in der Grundschule unstrittig.

> *Grundwortschatz* hat sich als Terminus durchgesetzt für die ca. 1 000 Wörter, die alle Kinder bis zum Ende der Klasse 4 sicher schreiben lernen sollen. Begriffe und Unterscheidungen wie Mindest-, Minimal-, Kern-, engerer, erweiterter Wortschatz, Lernwortschatz müssen schulpraktische Verständigung nicht mehr erschweren. Mit Grundwortschatz ist die Begrenzung des Rechtschreib(übungs)wortschatzes gemeint, nicht die Reduktion eines Sprech-, Lese- oder Schreibwortschatzes beabsichtigt.

Die konsequente Arbeit mit einem Grundwortschatz in den Klassen 3 und 4 wird inzwischen bestätigt. So ist in zahlreichen Bundesländern von den neueren Deutschrichtlinien aller Schulformen der Sekundarstufe I eine Weiterführung dieser Konzeption des Rechtschreibunterrichts festgelegt:

- Ausbau des Grundwortschatzes durch Sicherung und kontinuierliche Erweiterung eines Rechtschreibwortschatzes von Klasse 5 bis 10,

- allmähliches Erarbeiten und Erfassen wort- und satzbezogener Regelungen an bekanntem Wortmaterial,
- Ausbau der Selbständigkeit im Rechtschreiben durch rechtschreibspezifische Arbeitstechniken wie Kontroll- und Korrekturfähigkeit, sicheren Umgang mit und Gebrauch des Rechtschreibdudens in allen Schreibsituationen,
- Bearbeitung individueller Fehlerschwerpunkte und die Entwicklung von Fehlervermeidungsstrategien.

Auch das *Wie,* d. h. die didaktisch-methodischen Prinzipien des Rechtschreiblernens, sind dabei eine konsequente *Weiterführung* der in der Grundschule begonnenen Wege, zugleich auch eine deutliche Absage an die traditionelle Diktatpraxis wie an den isolierten und ausschließlich phänomenorientierten Rechtschreibunterricht. Es geht also nicht mehr ohne Grundwortschatz in der Grundschule, auch mit dem Blick auf weiterführende Schulen: In den Klassen 3 und 4 sind Ausbau und Sicherung eines Grundwortschatzes der Weg und das Ziel des Rechtschreibunterrichts.

Haben Sie in Ihrer Praxis auch die Erfahrung gemacht, daß in Klasse 3 und 4 bei Eltern und vielleicht auch Kolleginnen und Kollegen Skepsis, Zweifel, Unsicherheit, besorgte Fragen laut werden, ob die Sache mit dem Grundwortschatz im Hinblick auf den Übergang ins Gymnasium nicht doch problematisch sei? Ob nicht mehr fremde schwierige Diktate und Grammatiktrimmkurse wichtiger seien als Lernwörterhefte, Schreibkonferenzen u. ä.? Besorgte und unsichere Eltern, eventuell heimliche Nachhilfen sind schlechte Begleiter für unsere Arbeit mit den Kindern. Informieren Sie sich selbst über die gültigen Richtlinien der weiterführenden Schulen.

Grundwortschatzorientierung ist keine kurzlebige Modeerscheinung. Es ist vielmehr die Bündelung pädagogischer, schreib- und rechtschreibdidaktischer sowie lernpsychologischer Erkenntnisse zu einem kind- und sachorientierten Konzept für Lernprozesse. Grundlegende Rechtschreibsicherheit ist dabei mehr als nur die Beherrschung einer bestimmten Wortmenge:

- Kinder entdecken, erfassen, erproben beim Lernen die grundlegenden Laut-Buchstabenbeziehungen und wichtige *Prinzipien* der deutschen Orthographie.
- Sie entwickeln dabei grundlegendes „Rechtschreibdenken“ und *Sprachwissen* (Wortbausteine, Wortbildung, Wortverwandtschaft, Wortarten).
- Sie erlernen handelnd rechtschreibspezifische *Arbeitstechniken* wie Abschreiben, Kontrollieren und Korrigieren, Nachschlagen, also grund-

legende Arbeitstechniken, die auch für das Lernen in anderen Fachbereichen, in weiterführenden Schulen und außerschulisch unverzichtbar sind.

- Sie erwerben durch selbstgesteuertes und selbstverantwortetes Üben grundlegende rechtschreibspezifische *Lerntechniken*:
  Wie präge *ich* mir am besten die Schreibung eines Wortes ein?
  Was sind *meine* häufigsten Fehler?
  Wie kann *ich* Fehler vermeiden? (durch Lösungshilfen, Eigen- oder Fremdkontrolle, ...)
  Wie kann ich *meine* Leistung verbessern und steigern?

Grundwortschatz – was ist das eigentlich?

Der Grundwortschatz ist ein *quantitativ begrenzter Rechtschreibwortschatz*. Ca. 1 000 Wörter bzw. Wortformen sollen Kinder in den Klassen 1 bis 4 rechtschriftlich lernen. In „lernbaren Portionen" von 6 bis 10 Lernwörtern pro Woche wird der Grundwortschatz kontinuierlich auf- und ausgebaut, durch vielfältige Übungen, regelmäßige Wiederholungen und Anwendungen wird die Schreibung des Wortmaterials gesichert. Es ist erfolgversprechender, daß die Kinder sich eine begrenzte Anzahl von Wörtern sicher einprägen, als eine Vielzahl von Wörtern nur oberflächlich zu üben.
An die Stelle des seltenen Übens vieler, immer anderer Wörter treten regelmäßige gezielte Übungen schreibhäufiger Wörter und ihrer Wortformen, die von der Stammschreibung abweichen oder besondere orthographische Schwierigkeiten enthalten. Die Übung des Infinitivs bestimmter Verben sichert z. B. nicht automatisch die richtige Schreibung aller Personalformen. Ähnliches gilt für manche Pluralformen der Nomen:

kommen – kam – herauskommen
haben – hat – hatte
der Wald – die Wälder
der Zahn – die Zähne

Der Grundwortschatz ist ein *Häufigkeitswortschatz*, d. h., geübt, gelernt, gesichert werden die schreibhäufigsten Wörter der deutschen Schriftsprache. Es werden insbesondere Wörter in den Grundwortschatz aufgenommen, die in den Texten der Kinder besonders oft Verwendung finden, auch wenn ihre Gebrauchshäufigkeit später abnimmt.
Der Grundwortschatz kann sich nicht auf einfache Wörter beschränken, um Rechtschreibschwierigkeiten zu vermeiden. Auch schreibhäufige „fehleranfällige" Wörter gehören wegen ihrer Bedeutsamkeit für die Texte der

Kinder zum Grundwortschatz, wie etwa *vielleicht, auf einmal, jetzt, plötzlich, interessant, zu Hause*. Ebenso sind Fremdwörter unverzichtbar. *Video, Comic, Jeans, Kassettenrecorder, Computer* sind zwar rechtschriftlich schwierig, aber als feste Bestandteile des Gebrauchswortschatzes sind sie Häufigkeitswörter in den Texten der Kinder.

Der Grundwortschatz ist ein *Modellwortschatz*: Die Wörter sollten die wichtigsten Regelungen der deutschen Orthographie repräsentieren. Im Umgang mit dem begrenzten bekannten Wortmaterial können allmählich Rechtschreibregelungen erkannt und auf rechtschriftlich Unbekanntes übertragen werden, z. B. d – t im Auslaut:

Hund – Hunde
bunt – bunte.

Diese Auswahlkriterien sind natürlich nur für Lehrerinnen und Lehrer bedeutsam. Kindern „begegnet" der Grundwortschatz als portionierte *thematische* Lernwörter in konkreten Sprachsituationen. Erst in späteren Lernsituationen werden die bekannten Wörter auch nach orthographischen Phänomenen zusammengestellt und geordnet, etwa

Reimwörter in Gleichschreibungslisten	Wortarten	Wortfamilien
der Schlüssel	der Hund	fahren
die Schüssel	die Schule	fährt
der Rüssel	. . . . . .	das Fahrzeug
	bellen – er bellt	die Fahrerin
	schreiben – sie schreibt	

Die Menge von ca. 1 000 schreibhäufigen modellhaften Wörtern des Grundwortschatzes für die Klassen 1 bis 4 bedarf einer sinnvollen Verteilung, um sie lernbar zu machen. Folgende Richtwerte sind eine grobe Orientierungshilfe; die „Portionierung" berücksichtigt die allmählich wachsende Lernfähigkeit, das zunehmende Schreibtempo und die wachsende Schreibmenge der Kinder:

Klasse 1	Klasse 2	Klasse 3	Klasse 4
ca. 100 Wörter	ca. 200 Wörter 5 Lernwörter pro Woche	ca. 300 Wörter 8 Lernwörter pro Woche	ca. 400 Wörter 10 Lernwörter pro Woche

Hilfreicher für eine pädagogische Orientierung ist folgendes Schema:

Klasse 1	Klasse 2	Klasse 3	Klasse 4
50–120	180–250	300–350	350–400
ca. 300 Wörter		ca. 700 Wörter	

Für die zweite Übersicht sprechen zum einen ganz pragmatische Gründe, nämlich die unterschiedliche Länge einzelner Schuljahre aufgrund der gleitenden Sommerferien, zum anderen das wichtigere pädagogische Prinzip: Weniger ist mehr. Sicherheit vor Quantität, wenn eine Lerngruppe mehr Lernzeit braucht. Gebremstes Tempo zu Beginn wird häufig in nachfolgenden Phasen „eingeholt".

Grundwortschatz – warum und wozu?

Inzwischen ist die Arbeit mit einem Grundwortschatz in der Grundschule unstrittig:

- Das Erlernen der Rechtschreibung ist nicht so kinderleicht, wie Rechtschreibprogramme oder Diktatsammlungen es häufig per Titel versprechen. Durch eine überschaubare Lernmenge, den Grundwortschatz, ist zielerreichendes Lernen möglich.
- Kinder, Lehrende und Eltern erhalten eine Übersicht über den Lernstoff und die Lernziele.
- Durch gezieltes und vielfältiges Üben und regelmäßige Wiederholungen ist eine gewisse Rechtschreibsicherheit erreichbar. Erkennbare individuelle Lernfortschritte begünstigen die notwendige Lernmotivation, Übungs- und Anstrengungsbereitschaft der Kinder.
- Die Möglichkeiten selbständigen Lernens – von der Beteiligung an der Lernwörterauswahl bis zur Entscheidung über Übungsformen – erhöhen Lernerfolg und Lernspaß.
- Sichere Grundlagen erleichtern kontinuierliches Weiterlernen über die Grundschule hinaus.
- Die Möglichkeit des Transferlernens und das allmähliche Erfassen von Regelungen schließt eine „Beschränkung" für schnelle Lerner aus: Grundwortschatz ist keine Bremse für „Rechtschreib-Selbstläufer".

Lassen wir uns nicht einreden, die regelmäßigen Klagelieder über die ständig sinkenden Rechtschreibleistungen seien eine Folge des Grundwortschatzes. Diese Klagen sind uralt, da gab es das Wort Grundwortschatz noch gar nicht. Fachwissenschaftliche Untersuchungen belegen

eher stabile oder bessere Rechtschreibleistungen: Kinder schreiben mehr und andere Wörter richtig als früher. Pädagogisch und didaktisch müssen vielmehr die Meßinstrumente beklagt werden: Wer immer noch Uralt-Rechtschreibtests und Fremddiktate als einzige Meßlatte benutzt, stellt sich selbst in Frage.
Die beklagten Ergebnisse sprechen eher dafür, mit Hilfe eines Grundwortschatzes endlich sichere Grundlagen, Lernmotivation, eine Haltung zum richtigen Schreiben, Arbeitstechniken und Lernstrategien aufzubauen. Jeder einzelne „Analphabet" mit abgeschlossener Schullaufbahn, jeder „Schreibverweigerer" ist Ankläger für mißlungene Schreib- und Leselernprozesse.

Erstellen eines klasseneigenen Grundwortschatzes

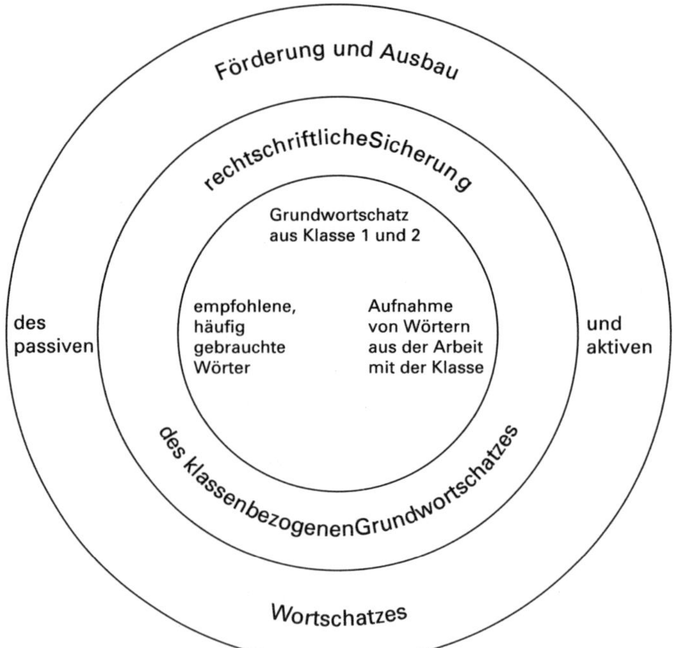

Die Graphik zeigt:
Im Sprachunterricht werden kommunikative Fähigkeiten gefördert. Der Unterricht aller Fächer dient u. a. immer auch der kontinuierlichen Erweiterung des Wortschatzes. Der individuelle passive und aktive Wortschatz, der jeweilige Sprech- und Schreibwortschatz sind weit größer als

der rechtschriftlich zu sichernde Grundwortschatz. Die gezielte Auswahl der Wörter für den klassenbezogenen Lernwortschatz berücksichtigt die Lernwörter aus den beiden vorangegangenen Schuljahren, orientiert sich an Häufigkeitswortlisten, bezieht situative Anlässe und konkrete Schreibsituationen ein.
Grundwortschätze fallen nicht vom Himmel! *Den* Grundwortschatz gibt es nicht. Wenn das Prinzip ernst genommen wird, muß der konkrete Grundwortschatz jeweils lerngruppenbezogen sein, d. h., er muß schreibhäufige und fehlerträchtige Wörter und Wortformen meiner Kinder berücksichtigen. Deshalb haben viele Bundesländer ausdrücklich auf Schul-Grundwortschätze verzichtet (z. B. Richtlinien Sprache NRW), andere sich auf Vorschlagslisten als Orientierungshilfe beschränkt.
Die Grundwortschatzliste der Lerngruppe aus Klasse 1 und 2 bildet die Grundlage (NIEDERSTEBERG 1992^{4}).

(1) = bereits bekannt aus dem GWS der Klasse 1

A a
Abend der
aber
Affe der (1)
all, alle, alles
als
alt
am
an
Antwort die
antworten
Apfel der
Arbeit die
arbeiten
Ast der, Äste
auch
auf (1)
Auge das
aus (1)
Auto das (1)

B b
Bach der
backen
baden
Bahn die
Ball der (1)
(Fußball der)
bauen
Bauer der
Baum der,
Bäume
bei
beide
bekommen
besuchen
Bett das
bezahlen
Bild das,
Bilder
ich bin,
du bist
Blatt das,
Blätter
blau
bleiben
Blume die
brauchen
bringen
Brot das,
Brötchen
Bruder der
Buch das
Bus der
Butter die

C c
Clown der

D d
da (1)
dann
darum
das (1)
dein
dem (1)
den (1)
denken
denn
der (1)
dich
dick
die (1)
doch
draußen
du
dünn
durch
Durst der

E e
Ei das
ein (1)
eine (1)
einen (1)
einmal
Eis (1)
Eltern die
er (1)
erzählen
es
Esel der
essen,
er ißt
etwas

F f
fahren, (1)
er fährt (1)
Fahrt die
fallen
Familie die
fehlen
feiern
fein
Ferien die
fernsehen
fertig
Film der
finden
Fisch der
fliegen
fragen
Frau die
freuen
Freund der
Frühling der
Füller der
für

G g
ganz
Garten der
geben
gehen (1)

gelb
Geld das
gern
Geschäft das
Glas das, Gläser
groß (1)
gut

H h
haben, (1)
ich habe, (1)
er hat, (1)
er hatte
Hand die, Hände
Haus das, (1) Häuser
Heft das
heißen
helfen
Herbst der
heute
hier
Himmel der
hin
hören
holen, (1)
er holt (1)
Hose die
Hund, der Hunde
Hunger, der
Hut der, Hüte

I i
ich (1)
Igel der
ihm
ihr
im
in (1)
Indianer der
ist (1)

J j
ja
Jahr das
jetzt
jung
Junge der (1)

K k
kalt
kaputt
Katze die
kaufen (1)
kein (1)
Kind das, (1) Kinder (1)
Klasse die
Kleid das
klein (1)
kommen
können, ich kann
Kopf der
krank
kriegen
Kuchen der

L l
lachen
lang
laufen, er läuft
lernen
lesen, er liest
Leute die
lieb (1)
Lied das
liegen

M m
machen
Mädchen das
malen (1)
Mann der
Maus die
mein
mich
Milch die
mir
mit (1)
mögen, ich mag
morgen
Mund der
Mutter die (1)
müssen, ich muß

N n
nach
Name der
Nase die (1)
nein
neu
nicht
noch
nun
nur

O o
oder
ohne
Oma die (1)
Onkel der
Opa der (1)

P p
Papier das
Pause die
Pferd das
Puppe die (1)

Q q
Quatsch der

R r
Rad das, Räder
rechnen
Regen der
regnen
richtig
Rock der
rollen
Roller der (1)
rot (1)
rufen

S s
Sahne die
sagen
Sand der
Schiff das
schlafen
Schlitten der
Schnee der
schnell
schön
Schokolade die
schon
Schrank der
schreiben
Schule die (1)
schwarz
Schwester die
schwimmen
sehen, er sieht
sehr
sein
sich
sie (1)
sind
singen
Sohn der
sollen
Sommer der
Sonne die
Spaß der
spielen (1)
Stadt die
stehen
Straße die
suchen

T t
Tag der
Tante die
Tasche die
Tasse die
Teller der
Tier das
Tisch der (1)
Tochter die
trinken
tun, er tut
Tür die

U u
über
Uhr die
um
und (1)
uns, unser
unten

V v	**W w**	Wasser das	Winter der	**Yy**
Vater, der (1)	Wagen der	weinen	wir (1)	–
verkaufen	Wald der,	weiß	wo (1)	**Z z**
verlieren	Wälder	wenn	wohnen	Zeitung
viel, viele	wann	wer	wollen,	die
Vogel der	warm	werden,	ich will	Zelt das
voll	warten	er wird	wünschen	Zimmer das
vom	warum	wie	Wurst die	Zoo der (1)
von	was	wieder	**X x**	zu
vor	waschen	Wind der	–	zum

Als weitere Orientierungshilfen für die Wortauswahl bieten sich an:
- die eventuell für mein Bundesland geltende Vorschlagsliste,
- die Grundwortschatzlisten meiner früheren Klassen bzw. meiner Schule,
- Wörterlisten des eingeführten Sprachbuches.

Inzwischen gibt es eine besonders hilfreiche Handreichung von NAUMANN für die Erstellung eines Grundwortschatzes, die den mühsamen Vergleich unterschiedlicher Wortschätze überflüssig macht. NAUMANN (1990) hat für die Grundschule und Sekundarstufe I in seiner Wortliste alle relevanten Sprachstatistiken ausgewertet, insbesondere auch die Kindersprache und die Fehlerhäufigkeiten berücksichtigt.
Für das 3. und 4. Schuljahr nutze ich als zusätzliche Entscheidungshilfe Schülertexte meiner Klasse. Hier entdecke ich die *schreibhäufigen* Wörter dieser Lerngruppe. Sie finden sich in Orientierungslisten oft noch nicht auf hohen Rangplätzen der schreibhäufigen Wörter; die Statistik braucht länger als meine Klasse.

Cola	Kakao
Computer	Pommes
Dinosaurier	Video
Jeans	

Diese Wörter hatte ich in meiner Planung eigentlich nicht vorgesehen. „Hose" hatte ich natürlich eingeplant wegen der lauttreuen Schreibung und als Reimwort zu Dose, Rose. „Hose" statt „Jeans", dafür gab es nur ein müdes Lächeln und zahlreiche Kommentare: Hosen sind was ganz anderes als Jeans, eher ein Fremdwort als das Gebrauchswort „Jeans".
Die Sache mit dem Modellwortschatz ist eben mein Problem, nicht das der Kinder. Für sie waren auch Dinosaurier, Cola, Computer, Video unverzichtbar. Dafür war mein geplanter „Roller" ebenso „mega-out" wie die Hose, gehörte in den Kindergarten, tauchte in ihren Texten nicht auf. „Kakao" wurde dagegen dringend gefordert.

Bis zum 3. Schuljahr gibt es auch schon Anzeichen für besonders beliebte Textsorten, die Hinweise auf schreibhäufige Wörter geben. Briefe (Hallo, tschüs, Grüße), Rezepte und Spielanleitungen können zum Dauerbrenner in bestimmten Klassen werden. Schülertexte geben auch Hinweise auf besonders fehleranfällige Wörter der Klasse:

vielleicht	nach Hause
plötzlich	kam
auf einmal	nämlich
gar nicht	

Solche Problemwörter muß ich für jede Lerngruppe einplanen. Diesmal wurde z. B. „Garten“ zum Stolperstein für viele Kinder. Wir hatten einen Schulgarten, viele Kinder einen kleinen Garten zu Hause, der Kaisergarten war das Ziel zahlreicher Unterrichtsgänge und privater Ausflüge. Damit war *Garten* also ein häufiges Schreibwort. In vielen Schülertexten tauchte es als „Gaten“ oder „Gahten“ auf. Meine Versuche, das *r* beim Sprechen hörbar zu machen, führten prompt bei einigen Kindern zur Schreibweise „Garrten“. Daraufhin sprachen wir über die Fehlerursache und sammelten Reimwörter auf einem Plakat:

der Garten
wir warten . . . . .
wir starten . . . . .
der Start . . . . .
hart . . . . .

Hilfreich für den Aspekt der Fehlerursache ist die folgende Liste besonders häufiger Fehlerwörter (von MENZEL 1978).

Liste der 50 häufigsten Fehlschreibungen

1	daß	das	1738
2	dem	den, dehm	242
3	einen	ein, einem	179
4	einem	einem, ein	143
5	denn	den	127
	das	daß	127
7	kam, -en	kahm, kamm	123
8	den	dehn, denn	107
9	ihm	ihn, im	100
10	Sie (Anrede)	sie	88
	zu + Infinitiv (zu essen)	zuessen	88
12	zu Hause	zuhause	87

13	dann	dan	80
14	war, -en, wäre, -n	wahr, wäre	74
15	vielleicht	vieleicht	70
16	ein bißchen	ein bischen, Bißchen	63
17	nicht, nichts	nich, nichs	62
18	fiel, -en	viel, fiehl	57
19	mit + Verb (mitbringen)	mit bringen	56
20	meist, -e, -en, -ens	meißtens	51
21	ihn	in, ihm	50
	laß, -t, läßt	last, leßt	50
23	Angst	angst	48
	hast, hatte, -n, hätte, -n	haßt, hate, hette	48
25	heran-, herein-, heraus- + Verb	herein kommen	46
	seinem	sein, seinen	46
27	auf einmal	aufeinmal	45
28	meinem	mein, meinen	43
	Mal, -e	viele male	43
30	kriegen, krieg, -e, gekriegt	krigen, gegriegt	42
	nächste, -n	nechste, näcksten	42
	wollt, -e, -en	wolte	42
33	muß, -t, -te, -ten	muste, mussten	41
34	widersprechen, erwidern	-wieder-	40
35	zurück + Verb (zurückgeben)	zurück geben	38
	abends	Abends, abens	38
37	ver- (als Vorsilbe)	fer-	36
	ent- (als Vorsilbe)	end-	36
39	kaputt	kabutt, kaput	35
	herein, heraus, heran	herrein, herraus, herran	35
41	Morgen	morgen	34
	irgendwo, irgendwie, irgendwas	irgent-, irgend wie	34
42	selbständig	selbstständig	33
43	nämlich	nähmlich, nemlich	32
44	Ihr, -e, -en (Anrede)	ihr	31
45	ließ, -en	lies, liessen	31
	viel, -e	fiel, vil	31
	wußte, -n, wüßte, gewußt	wuste, gewusst	31
48	las, -en	laß, lahsen	30
	weiß, -t	weis, weist	30
	interessant, interessieren, Interesse	intresant, interessiren	30

Steht der Grundwortschatz denn nicht im Sprachbuch?

Natürlich finden sich inzwischen in fast allen Sprachbüchern Wörterlisten. Sie ersetzen jedoch nicht den klasseneigenen Grundwortschatz. Zahlreiche Sprachbücher bieten zahlenmäßig umfangreichere Wörterlisten an, z. B. schon im 2. bis zu 350, im 3. bis zu 400, im 4. Schuljahr bis zu 450 Wörter. Gute Sprachbücher bieten gezielt weniger Merk- oder Schreibwörter an, um ausreichend Raum für klassenbezogene Ergänzungen zu lassen.

Ich muß also überprüfen:

- Inwieweit deckt sich das Wortmaterial meines Sprachbuchs mit unserem Grundwortschatz?
- Spiegelt das Sprachbuch die Grundsätze unseres Rechtschreibunterrichts wider, etwa durch kontinuierliche Einführung, Übung und Anwendung von Arbeitstechniken, konsequentes und vielfältiges Üben von Grundwortschatzwörtern, Anleitung zur Führung eines Wörterheftes, wodurch buch- und klasseneigene Grundwortschatzwörter mühelos integriert werden können?
- Wird Rechtschreiben themenorientiert, fachübergreifend und integrativ realisiert, oder gibt es eher traditionelle phänomen- und regelgeleitete isolierte Rechtschreibübungen mit wenig Bezug zum eigenen Schreiben?
- Spiegelt das Sprachbuch immer noch diktatgeleiteten Rechtschreibunterricht wider, der den heimlichen Lehrplan suggeriert: Rechtschreiben lerne man für und durch Diktate und durch die regelmäßige Folge und Fülle von Übungsdiktaten, die eigenes Schreiben der Schüler behindert?
- Welche zusätzlichen Rechtschreibmaterialien setze ich im Klassenunterricht und in der Freiarbeit ein? Gibt es eine „Passung“ des Wortmaterials zwischen unserem Grundwortschatz und der/den Rechtschreibkartei(en)? Solche Materialien enthalten das Problem, durch anderes, zusätzliches Wortmaterial die quantitative Konzentration auf einen überschaubaren Wortschatz zu sprengen. Wir behindern also die regelmäßige Übung und Wiederholung unseres Wortmaterials bis zur Automatisierung. Die Materialflut wirkt insbesondere auf Langsamlerner hemmend. Auch die Themen treffen nicht die konkreten Interessen meiner Kinder, ihren Sprachgebrauch und Wortschatz, ihre Lesefertigkeiten.

  Ich muß alle Materialien kritisch auf ihre Passung zu unserem Grundwortschatz überprüfen oder schon bei der Erstellung meines Grundwortschatzes das Wortmaterial verwendeter Kartei(en) und Materialien einbeziehen.

Für die aktive Beteiligung der Kinder an der Arbeit mit *unserem* Grundwortschatz ist es wichtig, daß es keine von mir endgültig festgelegte und verordnete Liste gibt. Wenn im 1. oder auch im 2. Schuljahr Aufbau und Sicherung des Grundwortschatzes noch ausschließlich oder überwiegend von der Lehrerin oder dem Lehrer bestimmt waren, vom 3. Schuljahr an ist eine stärkere Schülerbeteiligung erfahrungsgemäß lohnend und sinnvoll:

- Auswahl, Sammlung und Dokumentation der Lernwörter sind gemeinsame Entscheidungen.
- Wir benennen die Schreibschwierigkeiten bestimmter Wörter und staunen über Gemeinsamkeiten und individuelle Unterschiede.
- Wir erstellen eine Übersicht unserer Übungsformen, legen dabei Wahl- und Pflichtaufgaben fest.
- Wir suchen gemeinsam nach schreibhäufigen und schreibschwierigen Wörtern im Mathematikunterricht.
- Wir sprechen immer wieder darüber, wie *ich* Fehler vermeiden kann, wie *ich* selbständig oder mit einem Partner eigene und fremde Texte sorgfältig kontrollieren kann.
- Wir staunen, wie die Menge der gelernten Wörter im Lernwörterheft sichtbar wächst, und wir überprüfen regelmäßig, ob die „alten" Wörter nicht schon wieder vergessen worden sind.
- Wir entdecken dabei Rechtschreibhilfen wie z. B. Wald – Wälder und Rechtschreibregelungen – z. B. die Stammschreibung bei laufen – lief, geben – gibt.

Beispiel einer lerngruppenbezogenen Grundwortschatzliste

Eine Liste, die den Grundwortschatz meiner Lerngruppe beinhaltet, erleichtert mir den *Überblick* über die *Gesamtmenge*, über rechtschriftliche und thematische Bezüge. In konkreten Lernsituationen sind plötzlich alle Wörter wichtig, und ich orientiere mich vielleicht nicht mehr an der lernbaren Menge, an der verfügbaren Übungszeit und den notwendigen Wiederholungen. Wenn im Lehrplan kein verbindlicher Grundwortschatz vorgegeben ist, muß ich unseren Klassenwortschatz, die Auswahlkriterien für meine Arbeit im Kollegium sowie Eltern und Kindern vorstellen und begründen können.

Meine Grundwortschatzliste ist meine *Arbeitsliste*, Wörter werden ergänzt, gestrichen, verschoben, ich notiere darin Übungen, Wiederholungen. Und vor allem ist sie meine Grundlage für Übungstexte und eventuell Diktat-

texte, sie müssen (fast) ausschließlich aus Grundwortschatzwörtern und eindeutig daraus ableitbarem Wortmaterial bestehen.
Und als Erfahrungsgrundlage und „Gerüst" brauche ich die Liste in der nächsten Klasse wieder mit der Offenheit für eventuell neue Themenschwerpunkte. In der konkreten Klasse sind es vielleicht Dinosaurier, oder es gibt Märchenfans, so daß Feen, Hexen, Schlösser, Prinzen, Zauberer, Könige, Kater sehr früh zu schreibhäufigen Wörtern werden.

Zusammenhang von Sprachunterricht und Rechtschreibunterricht

Mit meiner Grundwortschatzliste habe ich einen Orientierungsrahmen für meine Arbeit: Welche Wörter und Wortformen sollen gelernt werden, weil sie

- zu den schreibhäufigen Alltagswörtern dieser Kinder gehören
- besonders fehlerträchtig sind (z. B. *wem, dem, den, denn, wen, wenn, sah, fuhr, hat, kam, vielleicht, Fahrrad* ...)
- die häufigsten für die Kinder einsehbaren Laut-Buchstabenbeziehungen und Rechtschreibphänomene repräsentieren, um Regelbildungsprozesse und Transferlernen zu ermöglichen.

Für meine Unterrichtspraxis gilt es, außer dem Was die großen und kleinen Fragen des Wie konkret zu beantworten:

- Wie realisiere ich integrative und fachübergreifende Rechtschreiblernprozesse?
- Wie kann ich die Kinder in die Planung und Gestaltung des Unterrichts, insbesondere in die Arbeit mit unserem Grundwortschatz aktiv einbeziehen?
- Wie kann ich durch Differenzierung und Individualisierung den unterschiedlichen Lernmöglichkeiten gerecht werden?
- Wie organisiere ich die notwendigen vielfältigen Übungen und regelmäßigen Wiederholungen?
- Wie werden die Wörter des Grundwortschatzes gesammelt und geordnet?
- Wie können Fehler zu neuen Lernanlässen werden?
- Wie kann eine dauerhafte Lern- und Übungsmotivation für alle Kinder geschaffen werden?
- Wie lernen wir Arbeitstechniken?
- Wie können Lernfortschritte festgestellt, Leistungsbewertung sach- und schülergerecht durchgeführt werden?

Die Beantwortung dieser Fragen verlangt die Einbindung rechtschreibspezifischer Aufgabenstellungen in den Gesamtzusammenhang sprachlichen Lernens.
Sprachunterricht hat die Aufgabe, den Kindern Fähigkeiten, Kenntnisse und Fertigkeiten zu vermitteln, die zur Bewältigung sprachlicher Situationen notwendig sind. Da viele sprachliche Situationen innerhalb und außerhalb der Schule auch schreibend geleistet werden, ist ein gewisses Maß an Rechtschreibsicherheit unverzichtbar. Richtiges Schreiben ist kein Wert an sich, kein Kulturgut als solches. Die Bedeutung der Rechtschreibung liegt in ihrer Funktion für das Schreiben von Texten, sie erleichtert die schriftliche Verständigung. Fehler stören und erschweren das Lesen von Texten; wer Texte für andere aufschreibt, muß deshalb auch Rechtschreibnormen beachten.
Die Vermittlung einer angemessenen Rechtschreibsicherheit wird demzufolge nicht als isolierter Unterricht realisiert. Ausbau und Sicherung unseres Grundwortschatzes ist nicht das Einpauken und mechanische Drillen von festgelegtem Wortmaterial, sondern die kontinuierliche Organisation vielfältiger differenzierter Lernprozesse in konkreten Schreibsituationen des Unterrichts aller Fächer. Mit dem Grundwortschatz wird Rechtschreiben nicht (wieder?) zum einzigen oder zu einem besonderen Schwerpunkt des Faches, zum „heimlichen“ Hauptfach der Grundschule. Rechtschreibung soll vielmehr aus ihrer Isolierung gelöst und in konkrete Schreibsituationen als situative Lern- und Übungsanlässe integriert werden. Freies Schreiben, Spaß am Erstellen eigener Texte als zentrale Lernziele und konsequente Organisation von am Grundwortschatz orientierter Lernprozesse sind keine sich ausschließenden Gegensätze, sondern aufeinander bezogene.
Und ein Letztes: Der Grundwortschatz ist kein Allheilmittel für die schwierige Aufgabe, sach- und kindgerechten Rechtschreibunterricht zu organisieren. Für die Realisierung effektiver Lernprozesse zur Sicherung und zum Ausbau eines Grundwortschatzes sind zentrale Prinzipien der Rechtschreibdidaktik unverzichtbar. In der konkreten Unterrichtspraxis sind sie in aller Regel miteinander verschränkt, im folgenden werden sie detailliert in den Blick genommen.

2. Prinzipien für die Arbeit mit einem Grundwortschatz

Für am Grundwortschatz orientiertes Rechtschreiblernen in den Klassen 3 und 4 gelten dieselben Prinzipien, die NIEDERSTEBERG (1992^4) für die Arbeit in Klasse 1 und 2 herausgestellt hat.
Entwicklungen und Progression liegen im wachsenden Grad der *Selbständigkeit* der Kinder: Von der Auswahl der Lernwörter bis zu Entscheidungen über Übungs- und Sozialformen, Beteiligung an der Materialauswahl und -erstellung wächst die Mitwirkung an Planung und Gestaltung von Lernsituationen.
Zunehmend wichtig wird die *Modellfunktion* des Grundwortschatzes. *Regelungen* werden im Umgang mit Lernwörtern erkannt und auf die Schreibung anderer Wörter übertragen. Vertraute Wörter werden als Rechtschreibmuster zur Wortschatzerweiterung genutzt. Durch Phänomen- und Morphemorientierung dienen Wortfamilien und Gleichschreibungsanalogien als Lösungshilfen und werden zudem für die Wortschatzerweiterung bedeutsam.
Zunehmend wichtig wird auch, daß die Kinder ihre eigenen *Fehlerschwerpunkte* und individuellen Rechtschreibschwierigkeiten entdecken, daran gezielt üben und Fehlervermeidungsstrategien auf- und ausbauen (Eigen-, Partner- und Lehrerkontrolle, Nachschlagen). Damit gewinnen auch rechtschreibspezifische *Arbeitstechniken* an Bedeutung: Sicherheit im Abschreiben, sorgfältiges Kontrollieren von Geschriebenem, sachgerechtes Korrigieren von Texten, Bereitschaft zum und Fähigkeit und Fertigkeiten im Gebrauch des Wörterbuches.

Integrative Lernsituationen

Im 3. und 4. Schuljahr bleibt der Rechtschreibunterricht integrativer Bestandteil des Sprachunterrichts, er wird nicht als isolierter Lehrgang organisiert. Schreibsituationen in allen Fächern sind Lernanlässe, wo u. a. auch die Schreibweise von Wörtern für Kinder bedeutsam wird. Lernwörter werden also auch weiterhin nicht nach rechtschreibsystematischen Gesichtspunkten „eingeführt“, sondern erwachsen in konkreten Schreibsituationen und für das Schreiben eigener Texte. Innerhalb unterrichtlicher Themen, Vorhaben, Projekte, also in fachlichen Sprachlernsituationen werden thematisch relevante schreibhäufige Wörter für das Schreiben von Texten rechtschriftlich gesichert. Dabei wird auch länger zurückliegendes Wortmaterial in neuen Schreibsituationen wiederholt und gefestigt, Häufigkeitsfehler der gesamten Lerngruppe und individuelle Fehlerschwerpunkte einzelner Kinder werden in Übungsphasen gezielt in den Blick genommen und bearbeitet. Für die notwendigen rechtschriftlichen Lernprozesse werden sprachliche Situationen aufgegriffen oder geschaffen, die für die Schreibfähigkeit bedeutsam sind. Konkrete Schreibanlässe ergeben sich in aller Regel im Unterricht in komplexen Zusammenhängen, insbesondere auch in der Erarbeitung sachunterrichtlicher Themen. Schreiben und Rechtschreiben, Lesen und Sprechen, Sprach- und Sachunterricht sind in den konkreten Lernsituationen integrativ und fachübergreifend präsent, sie müssen nicht etwa erst durch meine Unterrichtsorganisation integriert werden.

Zur Verdeutlichung ein Praxisbeispiel aus dem 3. Schuljahr:
In der Klasse entsteht der Wunsch, ein Kochbuch zu erstellen. Darin wollen wir Rezepte sammeln von Speisen und Getränken, die wir zu Hause oder in der Schule erprobt haben, die wir selbst herstellen können. Vom 1. Schuljahr an gab es regelmäßig Anlässe und Situationen zu gemeinsamem Kochen, Backen und Essen: Erntedankfest, Adventsbäckerei, gesundes Frühstück – mein Lieblingsfrühstück, Geburtstagsfeiern, Schuljahresanfang oder -ende, Karneval, Klassenfeste.
Im 3. und 4. Schuljahr ergeben sich zahlreiche Gelegenheiten im Sprach-, Sach- und Religionsunterricht, diese Gewohnheit weiterzuführen: Essen und Trinken hier und anderswo, früher und heute, wird uns sowohl im Sachunterricht als auch im Religionsunterricht begegnen; beim Schulfest wollen wir Getränke, Salate, Backwerk anbieten, ebenso bei der Entlassungsfeier der Klasse 4 wie auch beim Tag der offenen Tür und zur Begrüßung der Schulneulinge.
Vor dem Sammeln der Rezepte wird zuerst gemeinsam ein Arbeitsplan erstellt. Jedes Kind möchte ein eigenes Kochbuch haben, damit die Rezepte auch zu Hause und nach der Grundschulzeit verfügbar sind. Dazu eignet sich ein Ringbuch, weil es jederzeit bei Bedarf erweitert werden kann. Umschlag und farbige Zwischenblätter werden im Kunstunterricht gestaltet (malen, zeichnen, kleben). Als gemeinsame Klassenarbeit wird zusätzlich eine Rezeptkartei erstellt: DIN-A4-Blätter, Leerkopien enthalten das Schema. Zur Vorbereitung werden (Kinder-)Kochbücher (aus der Bücherei) gelesen, darin finden wir Gestaltungsideen und verschiedene Ordnungsprinzipien. Wir einigen uns auf Salate, Süßspeisen, Suppen, Backwerk/Kuchen, Getränke.

Ein Inhaltsverzeichnis wird erstellt, Kriterien für die Textsorte Rezept erarbeitet, in Schreibkonferenzen werden die Rezepte auf Richtigkeit, Vollständigkeit, Reihenfolge der Arbeitsabläufe, Verständlichkeit und richtige Rechtschreibung überprüft, die Reinschrift soll fehlerfrei sein: In einem Kochbuch, das wir immer wieder benutzen, sind Rechtschreibfehler ärgerlich und unnötig.
Häufigkeitswörter werden gemeinsam gesammelt und dann auf Folie notiert:

der Salat	der Löffel	das Öl
der Saft	das Messer	der Pfeffer
das Obst	das Salz	der Mixer
der Quark	die Suppe	
die Bananen	die Schüssel	
die Äpfel	der Topf	
die Zitronen	die Milch	
der Zucker	die Eier	
das Mehl	die Butter	
der Topf	der Eßlöffel – als „Maßeinheit"	

waschen	backen	heiß	g
schneiden	essen	gut	kg
rühren	gießen	sauber	
mischen	kneten	warm	
schälen	streuen	flüssig	
kochen	formen	süß	
		kalt	

Wir markieren alte Lernwörter und legen folgende Liste als neue Lernwörter fest:

das Obst	schälen	heiß
die Zitrone	rühren	süß
die Schüssel	mischen	sauber
der Eßlöffel		

Schwierige seltene Schreibwörter werden auf einer Wandtapete festgehalten und während des Vorhabens ergänzt:

das Rezept	die Rosinen	das Öl	bestreuen
die Zutaten	die Apfelsinen	der Pfeffer	fetten
die Zubereitung	die Mandarinen	der Mixer	verzieren
das Waffeleisen	der Essig		

Die folgende Übersicht zeigt, wie verschiedene Lernbereiche bei der Realisierung des Vorhabens ineinandergreifen:

Unterrichtsreihe: Wir sammeln und erproben Rezepte

Fachübergreifender Aspekt:

Kunstunterricht:
Wir gestalten Einband und Trennblätter

Sachunterricht:
Gesunde Ernährung; Schulfrühstück; Miteinander essen und trinken; Essen hier und anderswo, früher und heute

Mathematik:
Maße und Gewichte

Sprachunterricht: Wir erstellen ein Kochbuch

Sprechen
- genaue Bezeichnungen für Mengenangaben, Zutaten, Geräte, Zubereitung
- Wortschatzerweiterung
- Meine Lieblingsgerichte
- Einkaufs- und Kocherlebnisse

Schreiben
- Kriterien für die Textsorte Rezept erarbeiten, anwenden
- Texte in Schreibkonferenz oder Partnerarbeit überarbeiten
- Textanordnung
- verbale Wortketten

Rechtschreiben
- 10 Lernwörter festlegen, üben
- alte Lernwörter wiederholen, anwenden
- Arbeitstechniken
- Schreibungen entdecken: Komposita, zusammengesetzte Verben, Abkürzungen für Gewichte, Doppelkonsonanten, s-Laute, Reimwörter

Lesen
- Lesen von (Kinder-)-Kochbüchern
- Bücherei
- Lesen von Rezepten
- Überprüfen der Verständlichkeit, Genauigkeit, Vollständigkeit

Sprachreflexion
- Komposita
- zusammengesetzte Verben und Adjektive
- Wortarten: Nomen, Verb, Adjektiv
- Vorsilben verändern
- Wortbedeutungen
- Pluralbildung der Nomen

Ohne tägliches Üben geht es nicht

Für die allmähliche Automatisierung des Grundwortschatzes werden lernpsychologische Erkenntnisse konsequent berücksichtigt. Das bedeutet, die ersten Übungen und Wiederholungen müssen unmittelbar nach der Einführung besonders intensiv sein, da die Behaltenskurve sonst stark abfällt. Kurze regelmäßige Übungssituationen mit variablen und spielerischen Übungsformen sind dazu besonders lerneffizient. Erst wenn Wörter im Langzeitgedächtnis gespeichert sind, können sie in konkreten Schreibsituationen automatisch abgerufen werden. Wie oft einzelne Kinder ein Wort schreiben müssen, bis es als Wortschema verfügbar ist, wissen wir nicht.

Zum Training neuer Lernwörter ist in der Klasse ein Repertoire an Übungsformen und -schritten aufgebaut worden für *Einzelworttraining*: Einprägen der ganzen Wortgestalt, Durchgliederungsübungen, Bildung von Ableitungen und Wortzusammensetzungen. Die Sicherung der Lernwörter für unsere Rezepte könnte folgendermaßen aussehen:

- Auf einer Folie oder an der Tafel listen wir die neuen Lernwörter auf:

das Obst	mischen
die Zitrone	süß
die Schüssel	der Eßlöffel
schälen	sauber
rühren	heiß

- Die Wörter werden gemeinsam nach dem Alphabet geordnet und in das Lernwörterbuch eingetragen:

der Eßlöffel	e
heiß	h
mischen	m
das Obst	o
rühren	r
sauber	s
schälen	s
die Schüssel	s
süß	s
die Zitrone	z

- Eine wichtige Übungsform ist das „Kommentieren" der Lernwörter. Dieses „Sprechen über Wörter" dient der Speicherung, der Durchgliederung, aber auch der Entwicklung und Anwendung von Rechtschreibwissen und dem Erfassen von Regelungen. Ausgangspunkt ist wieder die Folie mit der Lernwörterliste. Jedes Wort wird deutlich gesprochen und dann kommentiert:

das Obst	ist ein Nomen, deshalb wird es groß geschrieben. Der 2. Buchstabe ist *b*, das muß ich mir merken, hören kann man es nicht.
die Zitrone	ist ein Nomen, deshalb großes *Z*, es sind drei Silben.
die Schüssel	ist ein Nomen, deshalb großes *S*, in der Mitte *ss*, zweisilbig.
schälen	ist ein Verb, also Kleinschreibung, wird mit *ä* geschrieben, ist verwandt mit Schale, es ist zweisilbig.
rühren	ist ein Verb, also wird es klein geschrieben, mit *h* geschrieben, es klingt wie *führen*. Hat zwei Silben.
mischen	ist ein Verb, wird klein geschrieben und hat zwei Silben.
süß	ist ein Adjektiv, also kleines *s*, am Ende *ß*.
der Eßlöffel	ist ein zusammengesetztes Nomen, Großschreibung, mit *ß* und *ff*. Es besteht aus drei Silben.
sauber	ist ein Adjektiv, wird klein geschrieben.
heiß	ist ein Adjektiv, *ß* am Ende – es klingt wie *weiß*.

○ Beim Ordnen nach *Wortarten* wird sowohl die ganze Wortgestalt unter einer anderen Aufgabenstellung noch einmal in den Blick genommen als auch die Wortartenbestimmung geübt.

Nomen	*Verben*	*Adjektive*
der Eßlöffel	mischen	heiß
das Obst	rühren	sauber
die Schüssel	schälen	süß
die Zitrone		

Weitere regelmäßige Übungen für neue Lernwörter sind Eigendiktate und Wortlisten. *Eigendiktate* sind eine Lernzielkontrolle. (Welche Wörter sind bei welchem Kind schon gespeichert, welche sind fehleranfällig und müssen besonders geübt werden?) Gleichzeitig ermöglichen sie selbständige Differenzierung: *Schreibe alle Wörter zu Rezepten auf, die du sicher richtig schreiben kannst. Du darfst auch Wortgruppen oder Sätze schreiben. Du hast 5 Minuten Zeit.*

Einige Kinder beschränken sich dabei auf die 10 Lernwörter, andere schreiben sowohl ältere Grundwortschatzwörter zum Thema auf als auch weitere „Rezeptwörter", andere bilden Sätze oder auch Spaßsätze. Genaue Eigen- oder Partnerkorrektur ist mit Hilfe der Lernwörtertapete, des Lernwörterheftes und des Wörterbuchs möglich. Die Wahl der Korrekturhilfe ist dabei ausdrücklich den Kindern überlassen, damit ergibt sich eine Differenzierung hinsichtlich Zeit und Schwierigkeitsgrad. Kinder wählen dabei nicht prinzipiell den leichtesten und schnellsten Weg. Insbesondere

wird zunehmend die neue „erwachsenere" Möglichkeit des Wörterbuchs genutzt und dabei die Arbeitstechnik Nachschlagen trainiert.
Falsche Schreibungen werden durch Streichen des ganzen Wortes gelöscht, das Wort als Ganzes neu geschrieben, um das visuell-motorische Einspuren der Wortgestalt zu intensivieren.
Wortlisten sind mit den Kindern gemeinsam entwickelt worden, sie liegen in verschiedenen Formen als ständiges Arbeitsmittel bereit.

Die folgenden drei Wortlisten zeigen die Wahlmöglichkeiten mit steigendem Schwierigkeitsgrad:
In der ersten Liste sind die Lernwörter in Spalte 1 schon vorgegeben. Sie werden abgeschrieben (Spalte 2) und kontrolliert. Fehlerhafte Wörter werden gestrichen und in Spalte 3 noch einmal geschrieben.
Bei der zweiten Liste werden die Schritte abschreiben, kontrollieren und korrigieren zusammengefaßt und in Spalte 3 eine zusätzliche Übung angeboten (Differenzierung nach Arbeitsmenge).
In Liste drei müssen die Kinder die Wörter in Spalte 1 selbst eintragen. Das Abschreiben, Kontrollieren und Korrigieren erfolgt mit Hilfe der Folie oder des Lernwörterheftes.
Die Übungen mit Wortlisten können sowohl im Unterricht erfolgen als auch als Hausaufgabe, je nach Arbeitstempo auch in der Schule begonnen und als Hausaufgabe fortgeführt werden.

In dieser Unterrichtseinheit fehlen Übungsformen, in denen die neuen Lernwörter auch in Textzusammenhängen trainiert werden. Da es sich um ein „Schreibprojekt" handelt, werden ja für das Kochbuch täglich neue Rezepte erstellt, überarbeitet, gelesen, verändert, ab- und aufgeschrieben und dabei die neuen Lernwörter regelmäßig in Texten verwendet.

Wortliste zum Thema: Rezepte

Name: ______________

Datum: ______________

O Eigenkorrektur
O Partnerkontrolle
O Lehrerkontrolle

genau lesen, Schwieriges markieren	abschreiben	kontrollieren, korrigieren	Eigendiktat oder Partnerdiktat
der Eßlöffel			
heiß			
mischen			
das Obst			
rühren			
sauber			
schälen			
die Schüssel			
süß			
die Zitrone			

Wortliste zum Thema: Rezepte

Name: ______
Datum:

O Eigenkorrektur
O Partnerkontrolle
O Lehrerkontrolle

genau lesen, Schwieriges markieren	abschreiben, kontrollieren, korrigieren	ordnen nach: Wortlänge oder Wortart	auswendig aufschreiben: zuerst die einfachen Wörter, zuletzt die schwierigen
der Eßlöffel			
heiß			
mischen			

Wortliste zum Thema: Rezepte

Name: ______
Datum:

O Eigenkorrektur
O Partnerkontrolle
O Lehrerkontrolle

abschreiben, Schwieriges markieren	kontrollieren, korrigieren	ordnen nach: Wortlänge oder Wortart	Eigendiktat oder Partnerdiktat

Sicherung durch regelmäßige Wiederholungen

Regelmäßige Wiederholungen aktueller und bereits länger bekannter Wörter sind unverzichtbar. Übungserfolg wird bekanntlich durch die Wiederholungen gesichert und regelmäßige kurze Wiederholungen sind effektiver als „langes, gehäuftes Üben" (ODENBACH, 1965). Die notwendigen Wiederholungen zur Sicherung des Grundwortschatzes kann kein Sprachbuch leisten, das würde den Rahmen dieses Mediums sprengen. Zusätzliche käufliche Arbeitsmittel, Rechtschreibkarteien, Folien, Arbeitsblättersammlungen wiederum orientieren sich an anderem Wortmaterial und anderen Themen, es fehlt in der Regel die Passung zu unserem Unterricht. Leitmedium für gezielte Wiederholungen in regelmäßigen Kurzübungen ist deshalb unser *Lernwörterheft*. Übungsformen und Übungsmaterial erstellen wir selbst. Am Beispiel „Rezeptwörter" folgen nun einige Realisierungsmöglichkeiten für dieses Prinzip.

Wortschatz sichern und erweitern

Obwohl die Lernwörter aus unseren Unterrichtsthemen zusammengestellt und in aktuellen Schreibsituationen verwendet werden, verzichten wir nicht auf Übungen zur Wortschatzsicherung. Wir sprechen und schreiben:

Was man alles schälen kann oder muß

Ich schäle:

Äpfel	Bananen
Birnen	Zitronen (wenn wir die Schale verwenden wollen, z. B. für unseren Weihnachtspunsch)
Kartoffeln	
Gurken	

Aber:

Tomaten	Clementinen
Apfelsinen	Kartoffeln (manchmal)
Mandarinen	

werden nicht geschält, sondern gepellt.

Manches Obst essen wir mit der „Schale":

Kirschen	Himbeeren
Erdbeeren	

Was alles süß ist *(Damit kann man auch süßen.)*

Zucker ist süß.

Honig ist süß.

Mein Hund ist süß. *(Damit kann man keine Speisen süßen.)*

Das ist immer/manchmal/nie heiß – Solche und ähnliche Übungen greifen auf altes Wortmaterial (Obst) unter neuen Aufgabenstellungen zurück, nicht an bedeutungsleeren Texten, sondern unter thematisch relevanten Fragestellungen, hier etwa auch der fachsprachlichen Unterscheidung (aktiver und passiver Sprachgebrauch) von pellen, schälen, ernährungsbedeutsamen Aspekten (Süßen mit Honig statt Zucker, Verwendung von Schale etc.).

Arbeiten mit Wortarten

Mit Beginn des Erfassens verschiedener Wortarten im 1. und 2. Schuljahr werden die neuen Lernwörter auf verschiedenfarbige Karten geschrieben. Wir haben folgende Signalfarben festgelegt:

Verben	–	blau
Adjektive	–	gelb
Nomen	–	rot
Sonstige	–	grün

Adjektive schreiben wir also auf gelbe Wortkarten (DIN A7) und reihen sie in unser Adjektiv-Memory ein – Gegensatzpaare gehören zusammen –, dabei wird altes Wortmaterial wiederholt.
Wir schreiben die Adjektivkarten *heiß, sauber, süß.* Wir suchen die Karten *kalt, schmutzig, sauer, salzig.*
Verben schreiben wir auf blaue Karten und trainieren sie zusätzlich mit dem Verbenbaum (vgl. Abb. S. 58) mit Wortstreifen:

mischen
rühren
schälen

Wir erstellen als neue Wortstreifen für den Verbenbaum:

mische	schäle	rühre
mischst	schälst	rührst
mischt	schält	rührt

Vorsilbenplakat(karte) für Verben:

rühren	schälen	mischen
umrühren	abschälen	vermischen
durchrühren		mitmischen
verrühren		untermischen
anrühren		

Diese Sammlungen sind insbesondere für noch sprachunsichere deutsche und ausländische Kinder lohnend, bei den häufig angebotenen Vorsilben-Verben-Listen zur Zusammensetzung setzen sie häufig mechanisch fast jede Vorsilbe vor fast jedes Verb, ohne zu erkennen, daß es diese Wörter gar nicht gibt (z. B. abmischen).
Auf rote Karteikarten schreiben wir die neuen *Nomen* mit Artikel, die Pluralform und eventuell Verkleinerungsformen. Zusatzübung auf der Rückseite sind Komposita.

die Zitrone	die Zitronen
ein Zitrönchen	

der Zitronensaft	das Zitroneneis
die Zitronenschale	der Zitronentee
der Zitronenbaum	der Zitronenfalter
die Zitronenpresse	

das Obst	viel Obst

der Obstbaum	die Obsternte
der Obstsalat	der Obstkorb
das Fallobst	der Obstbauer
das Beerenobst	die Obstwiese

der Eßlöffel

der Eierlöffel	das Eßbesteck
der Teelöffel	
der Suppenlöffel	
das Eßzimmer	

Wiederholungen alter Wörter, Wortschatzerweiterung (mündlich und schriftlich, aktiv und passiv) finden insofern statt, als zum einen bei Gegensatzbildungen und Wortzusammensetzungen das Lernwörterheft und unsere „alten“ Wortkarten als Fundgrube für Wortbildungen genutzt werden. Zum anderen wird in Verbindung mit der Erstellung neuer

Wortkarten immer auch gespielt, dabei wird altes Wortmaterial in den Blick genommen.
Natürlich spielen nicht alle Kinder alle Spiele, es wird in der Freiarbeit 15 bis 30 Minuten für Rechtschreibspiele vereinbart. Die Kinder entscheiden das *Wie* (allein, mit einem Partner, in der Gruppe), das *Was* (Bingo, Memory, Domino, Wörterraten, Wörterschlangen wie Schüssel, Leiter, Riese), ob sie die Wörter aufschreiben, buchstabieren, kommentieren.

Reimwörter bilden – Regelungen entdecken

Schon im 2. Schuljahr wurden bestimmte Rechtschreibphänomene erkannt und in Listen gesammelt oder auch als Wandtapeten dokumentiert. Die Rezeptwörter werden daraufhin auch untersucht.

ß-Liste	*ss*
süß	die Schüssel
heiß	
Eßlöffel	

Reimwörter

heiß – weiß	die Schüssel – der Rüssel	
rühren – führen	schälen – quälen	mischen – fischen

Natürlich wird dabei geklärt und mit dem Lernwörterheft und dem Wörterbuch überprüft, daß heiß *kein* richtiges Reimwort für Reis oder Kreis, rühren *kein* richtiges Reimwort für spüren ist.

Verschiedene Lösungswege – verschiedene Eingangskanäle

Dieses Prinzip wurde in den angesprochenen Beispielen berücksichtigt, sollte jedoch noch einmal besonders herausgestellt werden. Grundwortschatzsicherung kann nur gelingen, wenn wir beim Üben und Wiederholen alle Lerntypen berücksichtigen und möglichst viele Eingangskanäle bei den Übungsformen und -materialien nutzen und vernetzen.
Als Lehrer bzw. Lehrerin kann ich weder wissen noch erkennen, welches Kind wie am sichersten lernt oder auch warum manche richtiges Schreiben nur so mühsam und langsam lernen. Für den komplexen Vorgang des Rechtschreiblernens werden deshalb alle Komponenten (RIEHME 1974) berücksichtigt:

die *visuelle* – das genaue und wiederholte Ansehen, Lesen und Kontrollieren,
die *akutische* – das genaue, aufmerksame Hören,
die *sprechmotorische* – das deutliche Sprechen, auch das begleitende Sprechen (die Koartikulation) beim Ab- und Aufschreiben,
die *schreibmotorische* – das gegliederte Schreiben,
die *semantische* – die Verbindung von Lauten und Buchstaben mit der Bedeutung,
die *kognitive* – das Erfassen von Gesetzmäßigkeiten, Sprachwissen und Sprachdenken.

Jeder Streit über die Dominanz bestimmter Lernwege und Lerntypen dürfte inzwischen zum berühmten „Schnee von gestern" gehören. Allenfalls kann man Defizite feststellen, wenn bestimmte Komponenten vernachlässigt oder generalisiert werden.

Der Bedeutung der *visuellen Komponente* tragen folgende methodische Aspekte Rechnung:

- Wir präsentieren Wortbilder an der Tafel, auf der Folie, auf der Lernwörtertapete, auf Wortkarten, im Lernwörterheft in klarer, lesbarer, angemessen großer Schrift.
- Wir nehmen ggf. mit Hilfe von Abschreibkarten oder Verbenbaum durch Abdecken des übrigen Textes ein Wort beim Abschreiben und Kontrollieren genau in den Blick, um die Wortgestalt und ihre Besonderheiten genau zu erfassen, sich einzuprägen und danach schreibend wiederzugeben.
- Sowohl das Markieren von rechtschreibschwierigen Stellen eines Wortes als auch die Festlegung von Signalfarben für die Hauptwortarten basiert auf der Funktion der optischen Lösungshilfe.
- Nur bereits vorhandene optische Vorstellungen lassen uns ein Wort als fehlerhaft erkennen, womit übrigens noch nicht automatisch die Hilfe zur Richtigschreibung verbunden sein muß.

Stop! Lern- und Übungsfallen

Das *Einklammern von Falschschreibungen* / Der (Hunt) Hund bellt. / ist leider immer noch üblich, da es ordentlicher aussieht als Streichungen / Der ~~Hunt~~ Hund bellt. / Es ist ein permanentes Ignorieren der visuellen Komponente beim Rechtschreiblernen und eine Lernbarriere für besonders ausgeprägte visuelle Lerntypen.

Daß etwa die visuelle Lösungshilfe bei der Entscheidung über Groß- oder Kleinschreibung ebenso ausscheidet wie bei der richtigen Schreibung von x – chs – gs versteht sich von selbst.
Wortruinen, Purzelwörter, Wortfetzen, Wortsalat, Lückenwörter, diese – leider sehr häufige – Form der Materialpräsentation kann für rechtschreibschwache und visuell besonders stark ausgeprägte Kinder das Erfassen der gesamten Wortgestalt, die sichere Schemabildung behindern, oder schon gesicherte Schemata wieder „fragwürdig" machen. Das optische und akustische Wortbild kann nicht erfaßt werden, bzw. wird zerrissen.
Abbau von Wörtern, eine sinnvolle Übung des Erstleseunterrichts, ist als regelmäßige Rechtschreibübung zur Grundwortschatzsicherung m. E. problematisch. Feste Signalgruppen und Graphemverbindungen werden dabei optisch und akustisch auseinandergerissen:
schön – schö – sch – sc – s.
Ist es sinnvoll, ei – eu – au – äu – ai – ch – ck – sch – sp – st – ie – eh – aa auseinanderzureißen?
Solches Lern- und Übungsmaterial wird aus Motivationsaspekten angeboten. Lücken- und Purzelwörter sollen den Lernspaß erhöhen, die Freude an Rätseln zur Übungsmotivation nutzen. Natürlich mögen Kinder Rätsel, isoliert machen solche Übungen – vielleicht – Spaß. Aber ich möchte mich hier auf MEUMANN berufen, der schon 1907 feststellte, für die große Vielzahl der visuell veranlagten Schüler seien unvollständige Wortbilder eine wahre Qual. Sie prägten sich mit solch unvollständigen Gestalten einen sinnlosen Bestandteil von Wörtern ein. Der Grundwortschatz soll nicht rätselhaft bleiben, Schreibweisen sollen nicht künstlich in Zweifel gezogen, sondern zunehmend in sichere Schemata überführt werden und automatisiert verfügbar sein.

Die *akustisch-sprechmotorische Komponente* ist beim Erlernen der Rechtschreibung besonders wichtig für die Unterscheidung ähnlich klingender Anlautkonsonanten wie b oder p, g oder k, d oder t. Deutliches Sprechen und aufmerksames Hören sind auch Hilfen bei der richtigen Schreibung von Wortendungen (einen – eine – einer – einem). Auslassungen oder Zusätze von Endbuchstaben oder -silben (nich – nicht) sind häufig auf regionalsprachliche Besonderheiten bzw. auch auf mangelhaftes Sprechen und Zuhören zurückzuführen.
Die unterstützende Bedeutung der akustisch-sprechmotorischen Komponente können wir bei allen Schreib-, Rechtschreibanfängern feststellen, sie sprechen zunächst laut, allmählich leiser werdend das zu Schreibende mit. Danach kann man noch Lippenbewegungen ohne hörbare Artikulation beobachten. Später wird das begleitende Mitsprechen nur noch bei

subjektiven oder objektiven (Recht-)Schreibschwierigkeiten oder bei äußeren Störeinwirkungen (Lärm) reaktiviert.
In der Lernphase ist gliederndes Mitsprechen eine Hilfe für das orthographische Einprägen von Wortbildern. Die Koartikulation unterstützt die Präzisierung des Lautbestandes und der Lautreihenfolge beim Aufschreiben. Deshalb sollte beim Erlernen der Arbeitstechniken Abschreiben, Kontrollieren und Korrigieren halblaute, leise, lippenbewegende Koartikulation ausdrücklich eingeübt werden. Insbesondere im Förderunterricht erweist sich die Reaktivierung des begleitenden Mitsprechens für Kinder mit besonderen Schwierigkeiten beim Erlernen der Rechtschreibung als wichtige Lernhilfe. Ebenso wie das halblaute, lippenbewegende Mitsprechen beim Korrekturlesen von Texten.

Die *schreibmotorische Komponente* ist aus vielerlei Gründen in jüngster Zeit häufig vernachlässigt worden:
Auf das Schreiben ganzer Wörter wurde verzichtet. Übungen wurden reduziert auf das Einsetzen fehlender Anfangs-, Innen- oder Endbuchstaben – häufig in eine große Menge scheinbar beliebiger Wörter. Das schreibmotorische „Einspuren" der ganzen Wortgestalt erfolgte gar nicht oder nur einmal. Übrigens werden bei solchen Übungen auch zugleich die visuelle – fehlende Präsentation der ganzen Wortgestalt – sowie die akustomotorische und semantische Komponente – lesende Artikulation und Bedeutungserfassung – ignoriert. Blick und Handlungen werden auf das Erfassen von Einzelbuchstaben oder phänomenorientierten Regelungen konzentriert.
Ebenso waren Ab- und Aufschreiben vernachlässigte Übungsformen, galten häufig als antiquiert, wenig kreativ und motivierend, außerdem sind sie sehr zeit- und korrekturintensiv. Die Kopierflut machte sie scheinbar überflüssig. Doch bleibt die Binsenweisheit für die Grundwortschatzsicherung gültig: (Recht-)Schreiben lernt man u. a. nur durch richtiges Schreiben, deshalb werden unsere Lernwörter immer wieder schreibend geübt und wiederholt. Wenn Sie selbst auch bei Rechtschreibunsicherheiten ein Wort in unterschiedlichen Schreibweisen hinschreiben, dann vertrauen Sie auf die schreibmotorische Lösungshilfe. Und sie funktioniert natürlich nur, wenn/weil vorher schreibend Einprägung stattfand.

Die *kognitive Komponente* umfaßt alle logischen Lösungshilfen des Sprachwissens und Sprachdenkens: Diese Komponenten werden im 3. und 4. Schuljahr bedeutsamer für die Sicherung des Grundwortschatzes: Erkennen von Signalen wie k(ein), m(ein), d(ein) – Analogiebildung durch Reimwörter – Erfassen von Regelungen (spät klingt wie schpät, stehen klingt wie schtehen, doch wir schreiben spät, stehen) – Anwendung von Lösungshilfen wie z. B. Wortfamilie, Ableitungen und Verlängerungen, -ung, -heit, -keit, -schaft als Kennzeichen abstrakter Normen. Auch das Kommentieren der Schreibung von Wörtern (vgl. S. 26 f. und S. 71), das Benennen und Markieren objektiver und subjektiver Schwierigkeiten – z. B. das h in rühren, das ff in Eßlöffel – sind Übungsformen, die Sprachwissen und -denken für richtiges Schreiben intensivieren, ebenso alle Übungen mit Wortbausteinen, Wortzusammensetzungen, Vor- und Nachsilben, Pluralbildungen, Verkleinerungen.

Wenn Sie sich die verschiedenen Übungsformen zur Sicherung der Lernwörter noch einmal in Erinnerung rufen, können Sie feststellen, daß bei jedem einzelnen Wort meist alle, immer jedoch mehrere Eingangskanäle berücksichtigt, alle Komponenten – häufig in enger Verbindung miteinander – beteiligt werden.

Abschreiben von „Obst“ bedeutet ja:

1. Das Wort lesen (Bedeutung).
2. Wortgestalt genau einprägen (visuelle Komponente).
3. Das Wort mitsprechend auswendig aufschreiben (Kopplung von akustomotorischer und schreibmotorischer Komponente).
4. Das Geschriebene genau mitsprechend kontrollieren (visuelle und akustische Komponente).
5. Eventuell Korrektur vornehmen, dabei werden die Schritte 1–4 noch einmal ausgeführt.

Differenzierung und Selbständigkeit

Die Rechtschreibdidaktik weist seit langem darauf hin, daß Rechtschreibunterricht nicht bei der ganzen Klasse, sondern beim einzelnen Kind ansetzen muß. Und die Lernpsychologie fordert für erfolgreiches Lernen Selbsttätigkeit und die Berücksichtigung verschiedener Lerntypen. Selbsttätigkeit, Selbständigkeit und innere Differenzierung bei der Arbeit mit einem Grundwortschatz meint nicht die permanente Produktion differenzierter Arbeitsblätter, verordnete Differenzierungsmaßnahmen durch den Lehrer, sondern Differenzierung als gemeinsame Aufgabe von Lehrenden und Kindern. Beispiele für das Prinzip der Selbständigkeit und Differenzierung in diesem Sinne sind in den genannten Übungsmaßnahmen durchgängig erkennbar.

Differenzierungsangebote liegen im gesamten Lernarrangement der Grundwortschatzarbeit:

- Die ausgehängte *Lernwörtertapete* kann/sollte bei Unsicherheiten von einzelnen Kindern als visuelle Lösungshilfe jederzeit in den Blick genommen werden, während andere sie längst nicht mehr brauchen.
- *Abschreiben* bedeutet immer Differenzierung; Lesetempo, Schreibtempo, Speichermenge werden von den individuellen Fertigkeiten bestimmt.
- *Eigendiktate*, unsere *Wortlisten*, *Kommentierungen*, Entscheidungen über Korrekturhilfen sind hinsichtlich Menge und Schwierigkeitsgrad offen konzipiert.

In Freiarbeitsphasen, Tages- oder Wochenplänen werden die Wahl der Rechtschreibspiele oder Rechtschreibübungen freigestellt. Die Aufgabenstellung lautet: Neue Lernwörter üben oder Grundwortschatzwörter wiederholen. Auch die Sozialform wird in der Regel selbständig entschieden. Das gibt der Lehrerin Gelegenheit für die notwendigen genauen Lernstandsermittlungen, Beobachtung von Lernfortschritten, Arbeits- und Sozialverhalten, notwendige Korrekturmaßnahmen (Lernwörterhefte, Wortkarten, Wortlisten) mit unmittelbarer Rückmeldung an die Kinder, individuelle Hilfestellungen und weiterführende Anregungen.

Falls Sie bisher und auch im folgenden Diktate als Übungsform vermißt haben, dann aus gutem Grund: Fehlende Differenzierung und Selbsttätigkeit lassen mich seit Jahren darauf verzichten. Die Festlegung des Schreibtempos für alle Kinder durch mein Diktiertempo, Festlegung der Textmenge und -schwierigkeit, des Eingangskanals und der Mangel, erworbene Fehlervermeidungsstrategien nicht anwenden zu können, machen traditionelle Diktate für mich zu einer pädagogisch und fachdidaktisch ungeeigneten Übungsform. Unterrichts- und Korrekturzeit nutzen wir für Grundwortschatzsicherung mit Hilfe rechtschreibspezifischer Arbeitstechniken und alternativer Diktatformen und für das Schreiben und Überarbeiten eigener Texte.

Auch konsequentes und kontinuierliches Rechtschreibtraining mit dem Grundwortschatz führt natürlich nicht alle Kinder zur gleichen Zeit zu gleichen Leistungen. Individuelle Lernvoraussetzungen und Lernbedingungen sollten dem in der Differenzierung der Zielsetzungen, der Lernwege und Organisationsformen Rechnung tragen. Alle Kinder können durch individuell erkennbare Lernfortschritte erfahren: Meine Anstrengungsbereitschaft lohnt sich, konsequentes Üben bringt auch für mich Lernerfolge. Schüler- und sachgerechte Arbeit mit dem Grundwortschatz bedeutet deshalb:

Differenzierung der Zielsetzung	*Differenzierung in Methoden und Medien*	*Differenzierung in den Organisationsformen*
○ der Menge der zu sichernden Wörter ○ Wortschatzerweiterung	○ Berücksichtigung verschiedener Eingangskanäle und Lösungswege ○ Angebot unterschiedlicher Materialien und zusätzlicher Lehrer- und Partnerhilfen ○ Angebot zusätzlicher Aufgaben ○ verschiedene Formen von Lernzielkontrollen ○ differenzierende Korrekturen	○ Wahl verschiedener Sozial- und Arbeitsformen ○ Wahl zwischen verschiedenen Übungsformen und Aufgabenstellungen ○ Beteiligung an der Erstellung von Arbeits-(Tages-, Wochen-)plänen ○ Beteiligung an der Materialerstellung ○ Beteiligung an der Festlegung der Hausaufgaben und Wahl zwischen verschiedenen Hausaufgaben

Die Ranschburgsche Hemmung

Für die Sicherung des Grundwortschatzes sollten optimale Lernprozesse ermöglicht werden. Dazu gehört u. a. die Erkenntnis von RANSCHBURG (1905!), daß heterogene Inhalte leichter und dauerhafter gelernt und behalten werden als einander ähnliche. Die Verwechslung des Ähnlichen, die *Ranschburgsche Hemmung*, provoziert Falschschreibungen, führt zu Verunsicherungen statt zur intendierten Sicherung von Wortschemata. Es bleibt unerklärlich, warum immer noch Sprachbücher und Rechtschreibmaterialien durch die fragende Gegenüberstellung wie etwa

i – ie – ih?
a – ah – aa?
t oder tt?
gs – ks – chs – cks – x?

die Ähnlichkeitshemmung ignorieren. Verunsicherung als Lern- und Übungsprinzip?

Die Zweifel stiftende Verunsicherung durch die Gegenüberstellung verschiedener ähnlicher Schreibweisen wird insbesondere auch deshalb zum Störfaktor für die intendierte Automatisierung von Wortschemata, weil es keine festen lernbaren Regeln dafür gibt, ob i – ie – ih die richtige Schreibweise ist:

ihr – mir – vier ...

schon – aber Sohn und Mohn ...

und Koks – Knicks – Dachs – flugs – Fax ...

Die Verunsicherung durch die Ranschburgsche Hemmung in zahlreichen Rechtschreibmaterialien wird häufig noch dadurch gesteigert, daß in sinnentleerten dümmlichen Texten oder zusammenhanglosen Einzelsätzen eine Vielzahl von Wörtern (häufig unbekannte, schreibseltene Exoten) präsentiert werden: *Der flachsblonde Max macht unterwegs flugs einen Klecks auf die Deichsel. Heulende Eulen fleuchen durch greuliches gräuliches Gemäuer.*

Damit stellen wir Sprachunterricht, Lernziele, die Bedeutung der Rechtschreibung auf den Kopf. Es geht nicht um Inhalte, Sprache, Schreiben, nur bestimmte Schreibweisen sind gefragt. Und in der Praxis erleben wir nach solchen Übungen allemal, daß viele Kinder längst gesicherte Wortschemata wieder in Frage stellen: Der *Tiger* wird plötzlich zum *Tieger.*

Geben wir also bei der Sicherung unseres Grundwortschatzes der Ähnlichkeitshemmung keine Chance, sondern fördern Rechtschreibsicherheit durch Schaffen von analogen Mustern: Wir sammeln *Gleichschreibungen*!

Die Analogiebildung durch Gleichschreibungslisten erleichtert das Erlernen und Behalten. So werden unsere Rezeptwörter Schüssel – Eßlöffel – heiß – süß auch nicht unter der Fragestellung ß oder ss gegenüberstellend geübt, sondern durch Analogietraining und Reimwörterbildung zur Erweiterung der Rechtschreibkompetenz genutzt.

Ganz besonders hilfreich ist das z. B. bei der überschaubaren Menge von V-Wörtern. Im 1. Schuljahr lernen wir das Wort „Vater“ – keines meiner Kinder hat mir dieses Wort je als „Fater“ angeboten. Im 2. Schuljahr beginnen wir ein V-Wörter-Plakat:

V	v
Vater	viel
Vogel	vor
Vati	von
Volk	vom
Vase	vier
	vorne
	verraten
	brav

Unter der Fragestellung V oder F tauchen diese Wörter in unseren Rechtschreibübungen nicht auf.

Zusammenfassung

Grundwortschatzarbeit wird nur erfolgreich sein, wenn es uns gelingt, die Verschränkung dieser Aspekte in der Unterrichtspraxis zu realisieren. Das Schaubild auf der gegenüberliegenden Seite soll die Zusammenhänge noch einmal verdeutlichen.

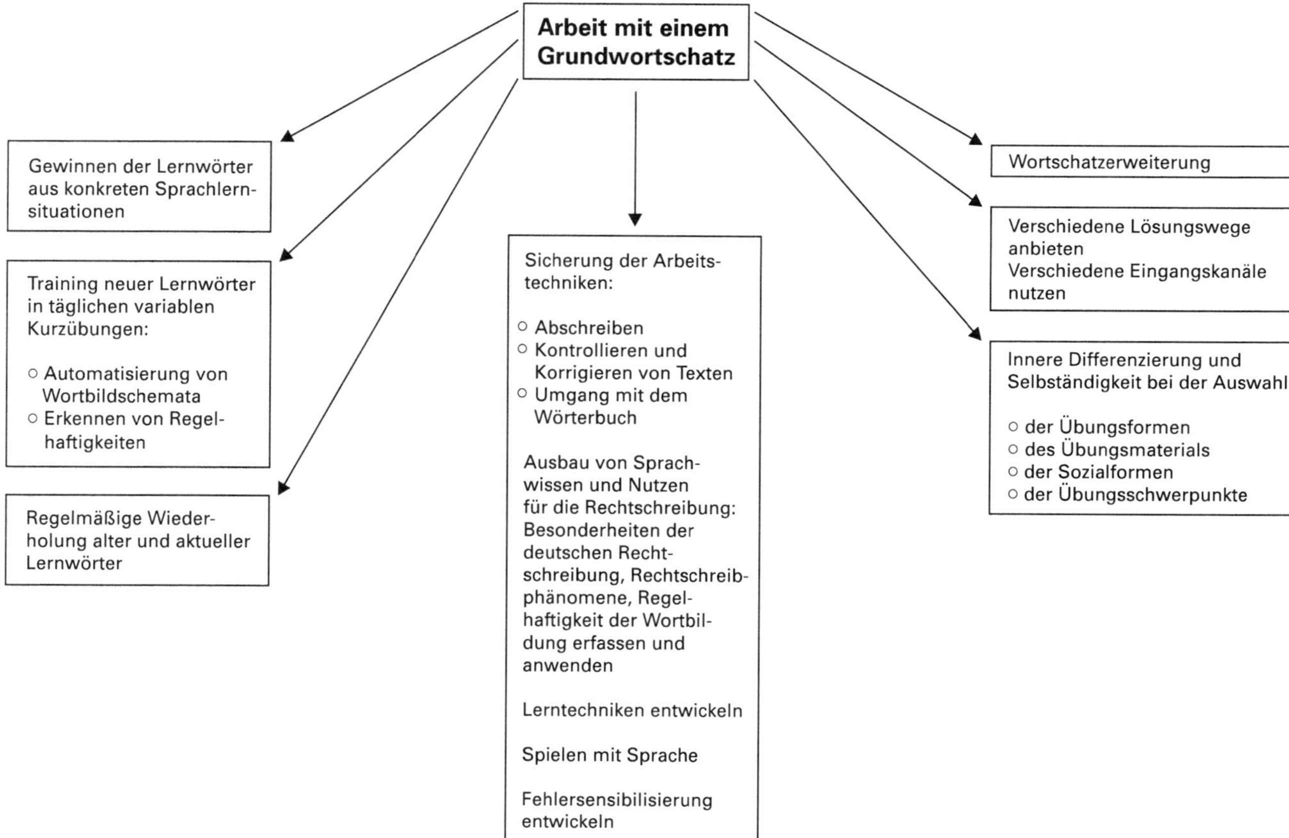
Arbeit mit einem Grundwortschatz
Gewinnen der Lernwörter aus konkreten Sprachlernsituationen
Training neuer Lernwörter in täglichen variablen Kurzübungen:
○ Automatisierung von Wortbildschemata
○ Erkennen von Regelhaftigkeiten
Regelmäßige Wiederholung alter und aktueller Lernwörter
Sicherung der Arbeitstechniken:
○ Abschreiben
○ Kontrollieren und Korrigieren von Texten
○ Umgang mit dem Wörterbuch
Ausbau von Sprachwissen und Nutzen für die Rechtschreibung: Besonderheiten der deutschen Rechtschreibung, Rechtschreibphänomene, Regelhaftigkeit der Wortbildung erfassen und anwenden
Lerntechniken entwickeln
Spielen mit Sprache
Fehlersensibilisierung entwickeln
Wortschatzerweiterung
Verschiedene Lösungswege anbieten
Verschiedene Eingangskanäle nutzen
Innere Differenzierung und Selbständigkeit bei der Auswahl
○ der Übungsformen
○ des Übungsmaterials
○ der Sozialformen
○ der Übungsschwerpunkte

3. Methoden und Materialien

Grundwortschatz ist keine (neue) Zauberformel, kein Allheilmittel, mit dem Rechtschreiblernen problemlos gelingt. Grundwortschatz ist auch kein Rezept für funktionierenden Rechtschreibunterricht. In der Aufgabenstellung: Sicherung und Ausbau des Grundwortschatzes im 3. und 4. Schuljahr liegt eine Fülle von Einzelaspekten, Rechtschreibung zu lehren, Lernprozesse für Kinder und mit Kindern zu organisieren. Nach dem je eigenen pädagogischen Konzept kann grundwortschatzorientiertes Rechtschreiblernen praktiziert werden als lehrerbestimmte Lern- und Übungsphasen im Klassenverband, innerhalb projektorientierten Arbeitens, als Freiarbeit oder Wochenplanunterricht, in Formen von Arbeit an Lernstationen oder Lernzirkeln. Unabhängig davon bleiben die Fragen: Welche Übungen, Übungsformen, Materialien brauchen wir für die Organisation sach- und kindgerechter Lernprozesse? Was muß ich als Lehrerin für die Planung und Durchführung beachten – ohne Rechtschreiben zum „Hauptfach" meines Unterrichts zu machen oder Rechtschreiben zu vernachlässigen? Bedeutsam für Sicherung und Ausbau des Grundwortschatzes sind praktikable organisatorische und methodische Maßnahmen, die es den Lehrenden und Lernenden ermöglichen, auch bei wachsendem Wortmaterial

- den Grundwortschatz im Blick zu behalten,
- die notwendigen Übungen und Wiederholungen zu organisieren,
- Differenzierung und selbstbestimmtes Lernen zu erleichtern,
- Arbeitsverfahren, Lernfortschritte und Lernschwierigkeiten für alle Beteiligten (auch für Kollegen und Eltern) transparent zu machen,
- an Grundwortschatzwörtern Regelungen und Prinzipien der Orthographie zu erkennen, Regelbildungsprozesse anzubahnen und als Transferlernen für die Schreibung anderer Wörter zu nutzen.

Wir sammeln unsere Lernwörter

Grundwortschatzwörter begegnen den Kindern als Inhaltswörter in konkreten Sprachverwendungssituationen. Damit wir sie als Rechtschreiblernwörter über die aktuelle Situation hinaus im Blick behalten, die Wörter für Übungen, Wiederholungen, Eigenkorrekturen u. v. a. m. jederzeit verfügbar haben, werden sie gesammelt. Dabei wird auch sichtbar, wie die Menge unserer Lernwörter kontinuierlich wächst.

Das Lernwörterheft

Das Lernwörterheft ist nach meiner Erfahrung eine besonders praktikable Form zum Sammeln des Grundwortschatzes:

- Das Prinzip kann von Klasse 1 bis 4 beibehalten werden.
- Kinder können von Anfang an das Heft selbständig führen.
- Die notwendige Lehrerkontrolle (Richtigkeit und Vollständigkeit) ist wenig zeitaufwendig.
- Das Heft ist jederzeit verfügbar; in der Schule und zu Hause, im Klassen-, Fach- und Förderunterricht für Übungen, Wiederholungen, als Nachschlag- und Korrekturhilfe einsetzbar.
- Es ist eine sachgerechte Hinführung zum Wörterbuch.

Im *1. Schuljahr* reicht ein normales DIN-A5-Schreibheft für die ca. 50–100 Wörter aus. Besonders geeignet sind VA-Schreibhefte im Querformat, die Zeilenlänge bietet auch bei großen Anfängerschriften für längere Wörter ausreichend Platz. Durch Knicken der Blätter entstehen zwei Spalten. In die linke werden die Lernwörter in unserer Erstschrift (Schreibdrucken) eingetragen. In jeder Zeile steht nur ein Wort, die Wortgestalt wird damit deutlich ins Blickfeld gerückt. Das dient der visuellen Einprägung und ist zugleich lesefreundlich. Mit Einführung der Schreibschrift werden die Wörter in der „neuen“ Schrift noch einmal in die rechte Spalte geschrieben: Schrifttraining und schreibmotorisches Einspuren verbinden sich zu sinnvollem Üben.

Im *2. Schuljahr* empfiehlt sich wegen der größeren Wortmenge eine Kladde. Das Schreiben von Einzelwörtern in die Normallineatur mit einer Linie gelingt recht problemlos, ist zudem motivierend. Das Eintragen in Druck- und Schreibschrift bleibt lohnend, es dient der schreibmotorischen Festigung, häufig sind auch zu Beginn des 2. Schuljahres noch nicht alle Schreibschriftbuchstaben eingeführt. Da die Kinder inzwischen das Alphabet kennen, wird das zweite Lernwörterheft als ABC-Heft eingerichtet. Das Auszählen der für die einzelnen Buchstaben notwendigen Seiten übernimmt die Lehrerin mit Hilfe ihrer Grundwortschatz-Lehrerliste.
Das neue alphabetische Ordnungsprinzip macht leicht einsichtig, die Lernwörter aus dem 1. Schuljahr in das neue Heft zu übernehmen. Sie werden gemeinsam alphabetisch geordnet und auf der richtigen Seite eingetragen. Eine lohnende Übung zur Wiederholung der Wörter, zum Umgang mit dem alphabetisierten Wörterheft und realer Anlaß zum ABC-Training.
Auch die Lernwörter der Woche werden jeweils vor dem Eintragen gemeinsam nach dem Alphabet geordnet; (je nach Lernstand nur nach dem 1. Buchstaben, oder auch allmählich nach dem 2., 3. Buchstaben). Um unnötige Verschreibungen zu vermeiden, kann der Anfangsbuchstabe angegeben werden.

Zu Beginn des *3. Schuljahres* wird das Sammeln der Lernwörter zum Unterrichtsthema. Da inzwischen auch schon regelmäßig mit dem Wörterbuch gearbeitet wird, muß die Funktion des Lernwörterheftes thematisiert werden: Brauchen wir es überhaupt noch? Falls nicht jedes Kind ständig (in der Schule und zu Hause) über ein Wörterbuch verfügt und darin relativ schnell und sicher nachschlagen kann, halte ich das Lernwörterheft für unverzichtbar.
Auch mit zunehmendem Wörterbuchgebrauch bleibt es ein sinnvolles Arbeitsmittel für die gemeinsame und differenzierte Grundwortschatzarbeit: Wir sehen, wie die Menge unserer Lernwörter wächst, wir konzentrieren uns beim Üben und Wiederholen auf diese Wörter, wir können diese Wörter richtig schreiben bzw. individuelle Unsicherheiten durch Üben verringern.
Das neue Heft – ein Ringbuch mit ABC-Register – wird zuerst vorgestellt. Darin ist Platz für alle Lernwörter im 3. und 4. Schuljahr. Beim Kauf der Register müssen wir darauf achten, daß jeder Buchstabe einzeln auftaucht. (Häufig sind „seltene“ Buchstaben zusammengefaßt, z. B. C/D, P/Q, T/U, V/W und das S unterteilt in S, Sch, St; das erschwert die praktische Arbeit mit dem Heft und auch die Passung zum Wörterbuch.)
Wir vereinbaren folgende Arbeitsweisen:

- Wir schreiben jedes Lernwort nur noch einmal, und zwar in Schreibschrift. Für eventuelle Korrekturen ist weiterhin Überkleben möglich, erlaubt ist auch Durchstreichen. Das geht schneller, in der Zeile ist genügend Platz. Ein weiteres Argument für das Durchstreichen: Ich erkenne meine Unsicherheiten. Wenn mich meine Verschreibungen ärgern, kann ich im Ringheft ein Blatt neu schreiben und problemlos auswechseln.
- Wir beschreiben wahlweise nur die Vorderseite oder die Vor- und Rückseite. Viele Kinder schreiben ungern auf Rückseiten, im Lernwörterheft ist diese Entscheidung freigestellt.

Das Übertragen der „alten Bekannten" aus dem Lernwörterheft des 2. Schuljahres dient der Wiederholung und ist zugleich Alphabetisierungstraining. Gemeinsam wurde dafür eine zeitsparende Lösung gefunden: Numerierung der Wörter (mit Bleistift) in Einzelarbeit, die richtige Reihenfolge konnte mit einem Partner, mit Hilfe des Wörterbuches oder durch Vergleichen mit „meinem" Klassenwörterheft überprüft werden.
Das Eintragen in das neue Heft erfolgt als tägliche Aufgabenstellung (ca. 15 Minuten im Rahmen des Klassenunterrichts, von Freiarbeit oder Wochenplänen oder auch Förderstunden; wir haben uns dafür vier Wochen Zeit gelassen). Als Lehrerin nutze ich diese Phasen zur Beobachtung:

- Wie sicher, ausdauernd führen einzelne Kinder die Arbeitstechniken Abschreiben, Kontrollieren und Korrigieren aus?
- Welche Wörter sind automatisiert, und wann entstehen „Flüchtigkeitsfehler"?
- Welche Einzelbuchstaben, Buchstabenverbindungen müssen von einzelnen Kindern noch einmal trainiert werden?

Für die Arbeit mit dem neuen Lernwörterheft werden auch die Übungsformen wieder einmal in den Blick genommen. Wir staunen, wie viele Übungen wir inzwischen kennen, erfahren dabei auch die unterschiedlichen Vorlieben einzelner Kinder für bestimmte Übungsformen. Verabredet werden tägliche Übungen für neue Wörter und Wiederholungen mit dem Lernwörterheft mindestens einmal wöchentlich als Hausaufgabe oder in der Schule.
Gemeinsam erstellen wir zwei Listen, die in jedes Lernwörterheft vor dem Register eingeheftet werden. Für die Klassenwand werden die Übungen von einigen Kindern (freiwillige „Schönschreiber" und „Rechtschreibexperten" übernehmen das) auf Plakate geschrieben: „Wenn mir mal nichts einfällt, kriege ich dabei schneller eine Idee." – „Manchmal kann ich mich mit meinem Partner nicht einigen." – „Dann brauchen wir im Wochenplan nur noch aufzuschreiben, was wir üben."

Aus den schriftlichen Arbeits- und Wochenplänen resultieren auch die Vereinbarungen über Abkürzungen und Piktogramme:

EA	für Einzelarbeit	ED	für Eigendiktat
PA	für Partnerarbeit	PD	für Partnerdiktat
GA	für Gruppenarbeit		

Neben den Abkürzungen bleiben Abbildungen brauchbar:

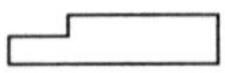 Abdeckkarte

 Abschreibschieber

 Wortliste

 Übungsdose

So üben wir neue Lernwörter

EA PA GA

Wörter abschreiben

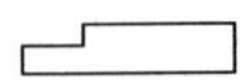

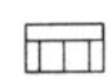

in meiner Lieblingsfarbe
mit Wortartenfarbe
Schwieriges markieren

Wörter buchstabieren
Wörter kommentieren
Wörter erraten

ED
PD

Wörter ordnen
nach dem ABC
von leicht bis schwierig
von kurz bis lang
nach Wortarten

mit der 

mit 
mit Wortkarten
mit dem Fehlerkasten

Wir arbeiten mit dem Lernwörterheft

EA PA GA

- Wir kontrollieren und korrigieren damit.
- Wir bilden Wörter mit **-ig**, **-lich**, **-heit**, **-schaft**.
- Wir suchen Wörter mit **tt**, **ss**, **rr**, **ll**, **mm**, **nn**, **ff**.
- Wir suchen Wörter mit **ck**, **tz**, **ß**.
- Wir suchen Wörter mit **h**, **ie**.
- Wir schreiben Reimwörter auf.
- Wir schreiben auf, was Menschen oder Tiere tun,
wie Menschen oder Tiere sprechen,
wie Menschen oder Tiere gehen,
wie Menschen oder Tiere sind.
- Wir schreiben Riesenwörter auf.
- Wir machen Wortkarten für Bingo, Domino, Memory.
- Wir machen Wortlisten.
- Wir schreiben Texte für Partnerdiktate, Laufdiktate, Dosendiktate.
- Wir machen Suchaufgaben und Rätsel.
- Wir schreiben Wortbilder.
- Ich mache Kassettendiktate.

Die Lernwörtertapeten mit den Lernwörtern der Woche werden nun abgelöst von Folien. Die Kinder arbeiten längst selbständig damit:
Was wir mehrmals oder länger brauchen, wird nicht auf der Wandtafel festgehalten. Die Lernwörter der Woche oder eine Unterrichtseinheit werden auf Folie geschrieben in Klarsichthüllen in einem Lernwörterordner gesammelt. Zur Partner- oder Kleingruppenarbeit sind sie offensichtlich motivierend. Sie werden mit und ohne OHP genutzt und Übungen für andere Kinder (Reimwörter, Rätsel, Riesenwörter, Detektivsammlungen: tz gesucht) mittels Folien transportiert und zugänglich gemacht.

Die Praxis mit den Lernwörterheften zeigt:

- Es wird zu *unserem* Heft, wenn wir gemeinsam einen Namen dafür finden. So gibt es etwa Grundwortschatzhefte, Schatztruhen, ABC-Hefte, Wörterhefte.
- „Alte" Grundwortschatzhefte aus dem 1. und 2. Schuljahr werden von einigen Kindern gerne weiter benutzt, etwa zur Wiederholung.
- Im 1. Schuljahr kann auf zwei Spalten verzichtet werden, wenn eine Klasse zu den Wörtern die passenden Bilder malen, zeichnen oder kleben möchte.

- In manchen Klassen werden die Wörter mit den verabredeten Signalfarben für die Wortarten gekennzeichnet durch Übermalen, Einrahmen, Unterstreichen.
- Zahlreiche Kinder möchten gerne individuelle Lieblingswörter zusätzlich sammeln. Im Ringheft ist ein solches Additum problemlos möglich, die Lieblingswörter werden in einer anderen Farbe/in der Lieblingsfarbe geschrieben und auf gesonderten Blättern hinter die jeweiligen Buchstaben eingeordnet.
- Auch ein „Fehlerheft" kann ohne ein zusätzliches Heft im Ringheft organisiert werden: Im Anschluß an das Wörterverzeichnis tragen wir chronologisch (ohne alphabetische Ordnung) individuelle Fehlerfälle ein, natürlich in Richtigschreibung. Die Fehlerstellen werden an den je eigenen Problemstellen markiert.
- Mit zunehmender Sicherheit im Wörterbuchgebrauch nimmt die Motivation für das Lernwörterheft zeitweise ab. Wenn es über das Sammeln der Wörter hinaus zum Leitmedium für gemeinsame und individuelle Übungen wird, ist die Einsicht zur weiteren Nutzung und Führung herstellbar.
- Käufliche ABC-Hefte und Kladden sind weniger flexibel nutzbar als Ringhefte: Die Anzahl der Seiten für bestimmte Buchstaben stimmen nicht mit unseren Wortmengen überein, die Kopplung und Unterteilung bestimmter Buchstaben erschwert die Nutzung, die Buchstabenecken des Registers bekommen schnell Knicke. Und im Ringheft können schließlich Seiten mit „Verschreibungen" neu geschrieben und eingefügt werden, wenn das Kind sich daran stört.

Die Wörterkartei

Sie eröffnet eine Fülle handlungsorientierter Übungsmöglichkeiten. Als Sammelprinzip für den Grundwortschatz ist die Wörterkartei in Erstellung und Organisation allerdings aufwendiger als das Lernwörterheft. Im 1. Schuljahr – bei der relativ kleinen Menge von Wörtern – ist die Arbeit leistbar und lohnend, insbesondere wenn vorhandene Fibelwortkarten genutzt werden können oder Kinder an der Erstellung beteiligt werden.
Als individuelles Sammelprinzip bevorzuge ich das Lernwörterheft – dabei können weder Karten verlorengehen noch vertauscht werden, der Transport in der Schultasche ist ebenso problemlos möglich wie meine Kontrolle und Korrektur.
Als *Wörterkiste* für Klassen- und Gruppenarbeit jedoch sind Wortkarteien vielfältig nutzbar. Die Wortkarten werden als Wendekarten erstellt. Gut geeignet sind dazu linierte DIN-A7-Karteikarten. Die Wortkarten enthalten

auf der Vorderseite das Schriftbild, auf der Rückseite eine Abbildung. Die Bilder werden von den Kindern selbst gemalt oder gezeichnet oder als Kopiervorlagen erstellt, die die Kinder ausmalen, ausschneiden und aufkleben.
Auch Verben und Adjektive können visualisiert werden.

Als Varianten bieten sich an, bei Nomen auf der Rückseite den Plural und eventuell auch die Verkleinerungsform anzugeben, bei Verben auf der Rückseite schreibschwierige Formen, bei Adjektiven die Steigerungsformen.
Eine Wörterkiste bietet vielfältige handlungsorientierte Übungsmöglichkeiten für Einzel-, Partner- und Gruppenarbeit:

- Schon das Schreiben der neuen Karten für die aktuellen Lernwörter bedeutet visuelles und schreibmotorisches Training mit genauer Kontrolle und bei der „richtigen“ Farbwahl Wortartentraining.
- Die Karten werden in einem Schuhkarton oder Holzkasten gesammelt. Sie können zu verschiedenen Ordnungsübungen genutzt werden:
  Wir ordnen nach dem ABC.
  Wir ordnen nach Wortarten.
  Wir ordnen nach Themen.
  Wir ordnen nach schwierigen und leichten Wörtern.
  Wir üben damit: Buchstaben- und Silbenzahl nennen, Blitzlesen, ab- und aufschreiben, buchstabieren und kommentieren, Wörterraten.
  Wir legen damit immer wieder Sätze, Unsinn- und Spaßsätze.
  Wir spielen damit Memory, Bingo, Domino.

Rechtschreibspezifische Arbeitstechniken

Die meisten Übungen zur Automatisierung von Wortschreibungen basieren auf Abschreiben oder Varianten des Abschreibens, Kontrollieren und Korrigieren des Ab-, Aufgeschriebenen jeweils einschließend. Unsicherheiten in diesem Bereich und mangelhafte Beherrschung dieser Arbeitstechnik bedeuten nicht nur unzureichende Schreibergebnisse, sondern fehlende oder eingeschränkte Übungskompetenz. *Abschreiben*, sachgerechtes *Kontrollieren* und eventuell *Korrigieren* des Geschriebenen sowie unbekannte, unsichere Schreibungen *nachschlagen*, ein *Lernwörterheft/ Wörterbuch* beim Schreiben sachgerecht und schnell zu *benutzen* sind rechtschreibspezifische Arbeitstechniken, die zu den unverzichtbaren Grundfertigkeiten der Grundschule gehören. Abschreiben einschließlich Kontrolle und Korrektur wird natürlich schon im 1. Schuljahr gelernt. Die sichere Handhabung aller Arbeitstechniken – wie etwa die Beherrschung eines Musikinstruments – ist nicht durch einmalige Lernsituationen, sondern erst in Langzeitlernprozessen mit zahlreichen Wiederholungen und regelmäßiger Anwendung zu erwerben. Fehlende Sicherheit bei grundlegenden Arbeitstechniken sind in aller Regel vermeidbar.

Abschreiben muß man lernen

Im 3. Schuljahr ist die Arbeitstechnik Abschreiben eine Aufgabenstellung für alle Fächer, in denen geschrieben wird, insbesondere auch für den Mathematikunterricht. Grundwortschatzsicherung muß ohne diese Arbeitstechnik scheitern. „Nach meiner Meinung ist das Abschreiben die einzige für *alle Kinder* wertvolle Übungsform, weil in ihr alle Eingangskanäle genutzt werden.“ (RIEHME 1986, S. 98)
Können Ihre Kinder richtig abschreiben? Gemeint sind damit nicht nur fehlerlose Abschreibergebnisse, sondern der sachgerechte Abschreibvorgang. Wissen die Kinder, was sie abgeschrieben haben? Haben sie sich die Bedeutung der Wörter, den Textinhalt, Sprachliches, Rechtschriftliches gemerkt? Hat der Text sie zum Denken, Staunen, Sprechen angeregt? Oder haben sie nur buchstabenweise „abgemalt“, mechanisch etwas in ihr Heft übertragen?
Wenn Abschreiben gelehrt und gelernt wird, als

- genaues sinnerfassendes Lesen
- gegliedertes Speichern
- auswendiges Aufschreiben aus dem Kurzzeitgedächtnis
- lesendes Vergleichen
- eventuell sachgerechtes Korrigieren,

dann ist Abschreiben eine grundlegende Übungsform für effektives Grundwortschatztraining und integrativen fachübergreifenden Rechtschreibunterricht.
Der *Abschreibvorgang* läuft bei kompetenten Schreiberinnen und Schreibern ganzheitlich ab: Die Einzelelemente sind internalisiert, der Gesamtvorgang ist automatisiert. Abschreiben erscheint als eine selbstverständliche, einfache, automatische Tätigkeit, die sogar „nebenbei" (bei Musik, Gesprächen, Lärm) in der Regel fehlerfrei vollzogen werden kann. Die elementare Arbeitstechnik ist jedoch für die Lernenden ein komplexer Vorgang. Für den störungsfreien Ablauf ist das Einhalten aller Einzelschritte wichtig:

1. *Lesephase*: Lesen des Textes, Sinn erfassen, eventuell klären;
2. *Merk- und Gliederungsphase*: Abschreibeinheit erfassen (subjektive Merk-, Speichermenge);
3. *Schreibphase*: Aufschreiben aus der Vorstellung;
4. *Kontrollphase*: Geschriebenes mit der Vorlage genau vergleichen;
5. *Korrekturphase*: Fehlendes ergänzen, Falsches berichtigen.

Beim noch ungeübten Leser und Schreiber setzt fast automatisch, häufig unbewußt, ein mehr oder weniger leises Mitsprechen ein. Diese *Koartikulation* intensiviert die Speicherfähigkeit, dient zugleich der akustisch unterstützten Satz- und Wortdurchgliederung. Beim Abschreiben sind also mehrere Komponenten beteiligt: visuelle Wahrnehmung, Sprachverstehen, Koartikulation, Schreibmotorik. Dadurch wird Abschreiben besonders lernintensiv und lerneffektiv. Das begleitende Mitsprechen nimmt mit zunehmender Automatisierung der Arbeitstechnik ab, wird zum inneren Mitsprechen, nur noch wahrnehmbar bei einigen Kindern an Lippenbewegungen. In „schwierigen" Abschreib- und Schreibsituationen (orthographische, gedankliche, formulierungsmäßige Schwierigkeiten oder störende akustische Außeneinwirkungen) wird das Mitsprechen häufig reaktiviert.
Beim Ablauf der einzelnen Arbeitsschritte prägen sich individuelle Unterschiede aus hinsichtlich Lese- und Schreibtempo, Umfang der Speichereinheiten, Kontroll- und Korrekturverfahren (z. B. nach jeder Abschreibeinheit, am Satzende, abschnittsweise, nach Beendigung des gesamten Abschreibvorgangs). Abschreiben ist also immer – im Gegensatz zum traditionellen Diktat – eine differenzierte Übungsform.

Abschreiben als Unterrichtsthema

Im 3. Schuljahr bieten sich folgende *Lernanlässe* an:

- Einführung des neuen Lernwörterheftes
- Einführung von Dosen- oder Laufdiktaten
- Gebrauch des Wörterbuches
- fehlerhafte Abschreibergebnisse
- die These: Abschreiben ist gar nicht so leicht.
- eine Überprüfung: Was habt ihr euch eigentlich beim Abschreiben alles gemerkt? Wißt ihr noch, was ihr abgeschrieben habt?

Im *Gespräch* benennen Kinder häufig ihre Schwierigkeiten sehr genau, sie äußern vielleicht auch Kritik: z. B. fehlende Würdigung ordentlicher Abschreibleistungen; Zeitmangel, weil sie mal eben schnell etwas abschreiben sollen, womöglich zu Beginn der Pause, ohne Ruhe und ausreichende Möglichkeit zum Lesen, Schreiben, Kontrollieren oder auch schwer lesbare Lehrerschriften.

Die *Erarbeitung* des Abschreibvorganges mit allen Einzelschritten wird gemeinsam formuliert, auf ein Plakat geschrieben, damit wir uns die Schritte einprägen.

So schreiben wir ab

1. Text ganz lesen.
2. Ersten Satz oder erstes Wort lesen.
3. Wort oder Wortgruppe abdecken, schreiben, aufdecken, kontrollieren, korrigieren.
4. Nächstes Wort abdecken, schreiben, aufdecken, kontrollieren, korrigieren.
5. Abgeschriebenen Text mit der Vorlage vergleichen und korrigieren.

Als erste erprobende *Anwendung* schreiben wir das Plakat ab, es soll als erste Seite im Ringheft abgeheftet werden, so behalten wir die Arbeitstechnik ständig „im Blick“. Dieses Blatt wird von den Kindern individuell gestaltet, durch Farbe, unterschiedliche Schriftarten, verschiedene Schriftgrößen wird es als „Blickfang“ geschrieben.

Zur *Sicherung* der Arbeitstechnik *durch Übung und Wiederholungen* führen wir das Thema „Abschreiben“ mit dem Sammeln von Abschreibsituationen weiter. Wir erstellen Listen, die auf Wandtapeten übertragen werden.

Was wir alles abschreiben

Lernwörter ins Lernwörterheft
Wortkarten für unsere Lernspiele
Wortkarten für den Fehlerkasten
Wortlisten
Karteikarten für unsere Rechtschreibkarteien
Hausaufgaben
Gedichte für unser Gedichtheft
Rezepte für unser Kochbuch
Spielanleitungen für unsere Spielesammlung
Bastelanleitungen für unsere Bastelkartei
Steckbriefe für unsere Tierkartei
Lieder
Rätsel für die Rätselecke
Lesetips für unsere Leseecke
Karteikarten für unsere Klassenbücherei
Tafelbilder
Merksätze
Texte für Partnerdiktate
Texte für Dosendiktate
kurze Elterninfos
Tabellen und Diagramme
Wörter aus dem Wörterbuch
Mathematikaufgaben
Matrizen für die Klassenzeitung

Das schreibe ich zu Hause ab

Adressen
Postleitzahlen
Telefonnummern
Abfahrts-, Ankunftszeiten von Zügen, Bahnen und Bussen
Autokennzeichen (bei Unfällen)
Angaben für Fahrradpaß
Katalogbestellungen (Nummern, Größen, ...)
Platten-, CD-Titel
Buchtitel
Sprüche fürs Poesiealbum
Rezepte

Alle waren erstaunt, wieviel verschiedene Situationen zusammenkamen, wie oft sie selbst und Erwachsene schnell und richtig etwas abschreiben müssen. Also war unser Lernziel einsichtig: Wir trainieren Abschreiben, bis wir es noch besser, schneller, fehlerfrei können. Als erstes Teilziel wurde festgelegt, mindestens ein ganzes Wort abzuschreiben – auch lange und schwierige Wörter. Außerdem beachten wir, wie groß unsere persönliche Merkmenge ist und trainieren, sie zu vergrößern.

Gezielte Fördermaßnahmen für unsichere Abschreiber: Auch für rechtschreibschwache Kinder – die selbst bei optimalem Förderunterricht und konsequenter Differenzierung bis zum Ende der Grundschule keine Sicherheit in allen grundlegenden Rechtschreibanforderungen erreichen – ist das Lernziel Abschreiben schaffbar: Mit kleinen Schritten und mit Geduld, mit Würdigung individueller Lernfortschritte und mit zahlreichen Lernhilfen.

Abschreibkarten – Verbenbaum – Übungsschieber

Eine Pappkarte, 15–20 cm breit (Breite unserer längsten Textzeilen, Hefte, Buchseiten) und ca. 4–5 cm hoch mit einem ausgeschnittenen „Wortfenster“ für die Wortlänge

ist eine Hilfe, die einige Kinder nur im 1. Schuljahr brauchen, anderen hilft sie bis ins 5. oder 6. Schuljahr, die richtige Zeile, nur ein Wort oder eine Wortgruppe genau in den Blick zu nehmen, sich einzuprägen, auswendig aufzuschreiben und buchstabenweise genau zu kontrollieren.
Abschreiben heißt: Wort lesen, abdecken, auswendig schreiben, kontrollieren.
Kontrollieren heißt: Nur ein Wort genau ansehen, den Rest abdecken, vergleichen, nächstes Wort.
Konsequent werden diese Schritte eingefordert, damit eingeübt bis zur Automatisierung. Wir beginnen erst mit dem Abschreiben, wenn ich alle Karten sehe. Verlorengegangene, vergessene Karten werden sofort ersetzt. Ob Lernwörterheft, Wörterkarte, Wörterbuch, ... unsichere Abschreiber benutzen ihre Abdeckkarte, bis sie überflüssig wird.

Der *Verbenbaum* lenkt den Blick beim Abschreiben auf die ganze Wortgestalt und eventuelle Fehlerquellen, z. B. das Wortende bei Verben, insbesondere die 2. Person mit Konsonantenhäufung. Das Arbeitsmittel haben wir aus Pappe selbst erstellt. Leere Streifen sind immer vorhanden. „Neue“ oder fehlerhafte Verben werden auf Streifen geschrieben und lesend, abschreibend, kontrollierend geübt.
Die Erstellung des Verbenbaumes habe ich mit Eltern beim Elternabend erprobt. Dabei konnten ganz nebenbei lohnende Gespräche über unseren Rechtschreibunterricht, die Bedeutung von Arbeitstechniken, Übungsformen, Grundwortschatz konkretisiert werden. Da die Verbenbäume i der Schule bleiben sollten, wurde ein zweites Exemplar für häusliches Üben gebastelt.
Auch andere Formen der Erstellung von Verbenbäumen und Übungsschiebern kann ich nach erfolgreicher Praxiserprobung empfehlen. So sind die Kinder des 3. Schuljahres als Patenklassen für die Schulneulinge an den Vorbereitungen für den Einschulungstag beteiligt, „betreuen“ die Neuen in den ersten Schulwochen und basteln Patengeschenke: außer Namenkarten und Rechenketten mit 20 Perlen, eine Abdeckkarte, einen Übungsschieber, einen Verbenbaum. Die Vorlagen dazu werden auf farbigen Karton kopiert.

Für Ihren Gebrauch sollten Sie den Baum entsprechend der Abbildung auf Pappe oder Zeichenkarton aufzeichnen und zweimal ausschneiden: Baumhöhe = 28 cm, Stammdicke = 10 cm.
Aus einer Figur sechs Fenster von ca. 6 cm Breite und 2 cm Höhe so ausschneiden, daß rechts und links ein Rand von ca. 2 cm verbleibt.
Abstand bzw. Stege zwischen den Fenstern 1,5 cm. Für diese Stege

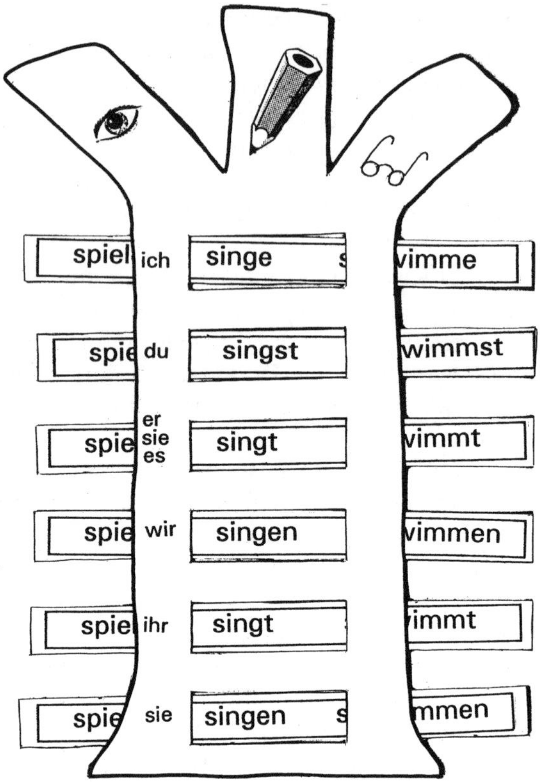

werden aus der Pappe oder dem Zeichenkarton passende Streifen von 10 cm x 1,5 cm geschnitten und auf die Rückseite der Figur geklebt. (Ein passendes „Fußteil" ebenfalls ausschneiden und aufkleben.)
Nun die zweite Figur mit „Ästen", Stegen und „Fußteil" so verkleben, daß neben den Fenstern ein Hohlraum zum Durchschieben der Textstreifen verbleibt.
Links von den Fenstern werden die Personalpronomen eingetragen und die von den Kindern gezeichneten Aufgabensymbole entsprechend aufgeklebt.
Für die Wortstreifen (19 cm x 1,5 bis 1,8 cm) eignet sich dünner Karton. Papierstreifen lassen sich nicht schieben. Das Zuschneiden klappt am besten mit einer Papierschneidemaschine, unregelmäßige Ränder behindern die Handhabung.
Nur zwei bis drei Verben auf einen Streifen schreiben, damit nur jeweils ein Wort im Sichtfenster erscheint. Es ist möglich, auf der Vorderseite die Verben im Präsens, auf der Rückseite im Präteritum anzubieten.

Der *Übungsschieber* ist eine übungsintensive Variante zu käuflichen Diktattaschen. Der Dreierschritt: lesen – auswendig schreiben – kontrollieren und korrigieren wird durch dieselben Symbole wie beim Verbenbaum signalisiert. Der Ablauf soll mit dieser Hilfe so automatisiert werden, daß er auch beim Abschreiben ohne den Übungsschieber eingehalten wird. Die Organisation der Textstreifen ermöglicht volle Konzentration auf die Kontrolle, weil nur diese Zeile sichtbar ist. Die Texte kommen aus dem Unterricht, haben einen Bezug zu unseren Themen, Interessen, Lernwörtern. Wir erstellen die Texte selbst (Leerstreifen liegen dazu bereit). Jede Übungsphase ist also Training der Arbeitstechnik Abschreiben, Übung aktueller oder Wiederholung alter Lernwörter aus dem klasseneigenen Grundwortschatz und zugleich Vertiefung, Wiederholung unserer Unterrichtsthemen. Und natürlich kostet die Materialbeschaffung kaum Geld. Die „Bauanleitung" finden Sie in der Zeitschrift GRUNDSCHULE; Westermann-Verlag, Heft 5/93, S. 50–51.

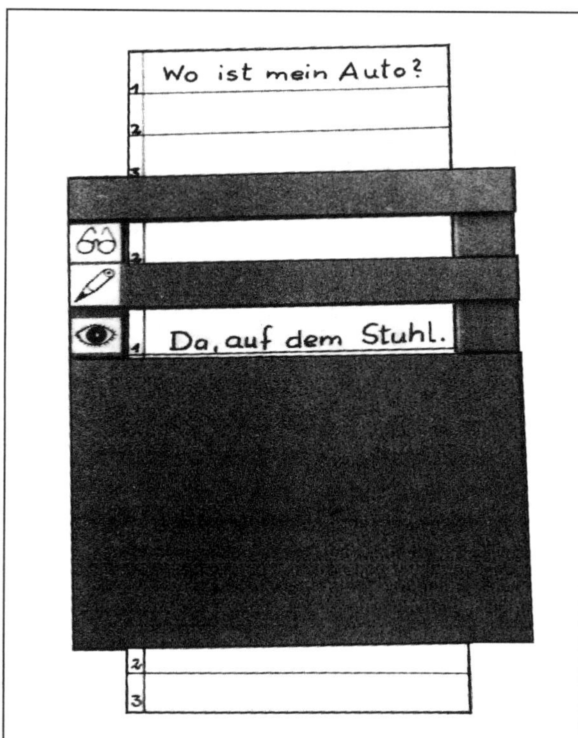

Kreative Abschreibübungen

Sie sind die Interpretationen von Gedichten durch *Schreibgestaltung*. In der Literaturdidaktik ist ein solcher produktiver Umgang mit Gedichten als sach- und kindgerechtes Verfahren längst bekannt. Gedichte schreibmalend durch verschiedene Schriftarten und Schriftgröße, Farben zu gestalten ist immer auch sinnvolles Abschreiben.

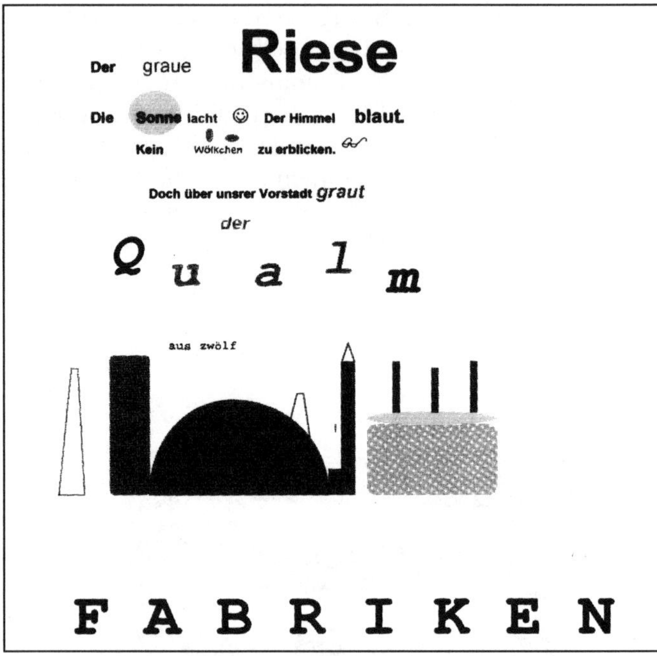

Abschreibpyramiden

Sie dienen dem Training längerer Merkmengen.

Ich
Ich schreibe.
Ich schreibe richtig.
Ich schreibe immer richtig.
Ich schreibe immer richtig ab.

Die Kinder bilden natürlich bald selbst solche Texte, wieder eine Übungsform, die Lese-, Abschreib-, Grundwortschatz-, Schreibtraining mit Selbständigkeit, Spaß, Textproduktion verbindet und Monotonie verhindert. Wenn diese Texte an unserer Lernwand ausgehängt werden, machen sie allen Spaß.

Kontrollieren und Korrigieren

Diese sind weitere rechtschreibspezifische Arbeitstechniken, deren Beherrschung häufig verlangt wird, ohne sie durch kontinuierliches Üben lernbar zu machen. Sie tauchen als letzte Phase beim Abschreiben auf. Das reicht für viele Kinder jedoch nicht aus, Kontrolle und Korrektur über Abschreiben und Rechtschreiben hinaus beim Schreiben eigener Texte (Überarbeitung, Endkorrektur der Reinschrift) oder auch im Mathematikunterricht als Arbeitstechnik zu automatisieren. Kinder müssen von Klasse 1 bis 4 lernen, üben, anwenden dürfen: *Was* kann ich *wie* und *wann* durch Kontrollieren und Korrigieren selbständig oder mit einem Partner verbessern?

Dazu müssen sie erfahren, daß Kontrolle und Korrektur nicht prinzipiell Lehrertätigkeiten sind, die der Fehlerfeststellung dienen, sondern daß es sich um eine Arbeitstechnik bei jeder Textproduktion handelt, bei zahlreichen Arbeitsvorgängen auch außerhalb der Schule, auch bei Schreibprofis.

Eine wichtige Funktion hat das Lehrervorbild. Meine Schülerinnen und Schüler haben vom 1. Tag an grundsätzlich die Aufgabe, meine Texte (Tafelanschriften) kontrollierend zu lesen und eventuell zu korrigieren. Für Fehler sind sie mitverantwortlich. Sie können auch beobachten, daß ich in Zweifelsfällen im Duden nachschlage. In der Rolle des Diktierenden beim Partnerdiktat wird diese Arbeitstechnik gebraucht, ebenso für unsere „Rechtschreibsheriffs", die als Spezialisten bei Endkorrekturen herangezogen werden. Auch bei den Schreibkonferenzen (SPITTA 1992) wird helfendes, gemeinsames Kontrollieren und Korrigieren erfahren und vertieft.

Im 3. Schuljahr sollten fehlerhafte Abschreibtexte, Schüleräußerungen wie „kein Bock zum Kontrollieren", „meine Fehler find ich doch nicht" Signale sein, die Arbeitstechnik wieder einmal zum Unterrichtsthema zu machen:

- Wir kontrollieren beim Abschreiben durch genaues Vergleichen – Wort für Wort, halblaut/leise mitsprechend –, ob die Abschrift vollständig und richtig ist (Wörter, Zeichen, Buchstaben), eventuell mit der Abschreibkarte.
- Ich kenne meine Fehler und Unsicherheiten und kontrolliere gezielt Satzanfänge (Großschreibung), Oberzeichen, Satzschlußzeichen, den Schluß (Wortende, Satzende, Textende).
- Unmittelbar nach dem Schreiben bin ich „fehlerblind", ich lese, was ich schreiben wollte. Am nächsten Tag finde ich meine Fehler leichter.
- Fremdkorrektur ist eine sachgerechte Hilfe, ich finde Fehler in fremden Texten, mein Partner markiert meine Fehler.

Die ständige Aufforderung, guck noch einmal genau hin, nützt wenig. Kontrollieren muß gelernt werden:

1. Geschriebenes wird regelmäßig kontrolliert: Abschreibkarte, halblautes Lesen unterstützen die Konzentration. Durch Abhaken wird die Kontrolle gekennzeichnet (in Wortlisten wird jedes richtige Wort abgehakt).
2. Ich suche mir einen Partner zur Fremdkorrektur. Er zeichnet mit seinem Namenskürzel ab.
3. Erst danach erfolgt die Lehrerkorrektur. Finde ich noch viele Fehler, Auslassungen, Unlesbares, wird mit dem Schreiber und dem Korrekturleser nach Ursachen gesucht.
4. Falsches wird nicht kaschiert, wir streichen ein fehlerhaftes Wort und schreiben es neu. Textentwürfe schreiben wir zweizeilig, um Platz fürs Korrigieren zu haben.
5. Kontrollieren wird immer wieder systematisch geübt, das Fehlerfinden gewürdigt, Kontrollphasen werden konsequent eingehalten.

Nachschlagen will gelernt sein

Das Einüben beginnen wir mit der regelmäßigen Nutzung des Lernwörterheftes und der Wörterkartei als Kontroll- und Korrekturhilfe. Vom 2. Schuljahr an wird zunehmend auch das Wörterbuch eingesetzt. Konsequente Grundwortschatzorientierung beim Rechtschreiblernen muß ergänzt werden durch Gebrauch eines Wörterbuches. In unseren Texten können und wollen wir uns nicht auf Grundwortschatzwörter beschränken. Diese Texte können wir mit Hilfe des Wörterbuches kontrollieren und korrigieren.
Nach meiner Erfahrung benutzen Kinder regelmäßig und gern ein Wörterbuch, wenn sie

- erfahren, daß sie es auch und gerade im Ernstfall (das sind in der Regel die Klassenarbeiten und Diktate) benutzen dürfen,
- durch regelmäßiges Training (von Klasse 2 bis 4) handelnd Routine im Nachschlagen erwerben, mit ihrem Wörterbuch zunehmend schneller und sicherer umgehen können,
- Selbständigkeit im Rechtschreiben erfahren, indem sie selbst mit dem Wörterbuch sachgerecht umgehen können,
- über ein geeignetes Wörterbuch regelmäßig verfügen. Das Wörterbuch gehört in jede Schultasche, weil wir es beim Schreiben im Unterricht und zu Hause regelmäßig brauchen. Wandernde Klassensätze reichen dazu nicht. Aber die Anschaffung eines Wörterbuches ohne regelmäßigen Gebrauch ist unverzeihlich! (Dann sollte besser darauf verzichtet werden!)

Fast ebenso unnütz ist einmaliges Training dieser Arbeitstechnik, ohne durch gezielte Übungen und durch regelmäßigen Gebrauch Routine zu erwerben.

Alternative Diktatformen

Mit alternativen Diktaten ergibt sich eine Fülle von Schreib- und Übungsformen, die ohne Materialflut ein regelmäßiges Grundwortschatztraining in schülerorientierten Rechtschreiblernprozessen ermöglichen. Vom 1. Schuljahr an wird damit ein *Methodenrepertoire* aufgebaut, das jetzt ohne Übungsmonotonie Selbsttätigkeit der Kinder, konsequente Differenzierung und Individualisierung zuläßt. Mit alternativen Diktaten werden auch eventuelle Vorbehalte gegenstandslos, grundwortschatzorientiertes Rechtschreiblernen beschränke sich auf Einzelworttraining und vernachlässige Rechtschreibübungen in Texten.
Im 3. und 4. Schuljahr machen wir echte Diktate, zweistufige Diktate, Eigendiktate, Partnerdiktate, Dosendiktate, Kassettendiktate, kommentierte Diktate, Fragediktate, Lauf-/Schleichdiktate, Wörterbuchdiktate, Knickdiktate. Die Anlässe, Situationen, Texte ergeben sich unmittelbar aus unserem jeweiligen Unterricht. Es sind keine „künstlichen" auf Rechtschreibung reduzierte Übungen, sondern reale Schreibanlässe, auch als sachgerechte Arbeitsformen im Fachunterricht einsetzbar.
Als situative Kurzübungen oder zur notwendigen Wiederholung rechtschriftlicher oder fachlicher Lerngegenstände sind sie ohne zusätzliche Lehrermaßnahmen in vielerlei Hinsicht leistungs- und tempodifferenziert einsetzbar. Eventuelle Materialien (z. B. Dosentexte) werden von den Kindern häufig selbst erstellt, sind selbständig zu handhaben und zu ordnen. Selbständigkeit, Eigenverantwortung, selbstbestimmtes Üben, Verbindung von Schrift-, Schreib-, Rechtschreib-, Fachlernen sind prinzipiell in den Formen angelegt, sie wollen nur entdeckt und genutzt werden.
Wenn alternative Diktatformen allmählich eingeführt werden, verfügen die Kinder über eine Fülle von Übungsformen. Regelmäßiges Üben und Wiederholen muß nicht monoton sein.
Die selbständigen Entscheidungsmöglichkeiten zwischen verschiedenen Formen lassen den Kindern viel Raum, ihrem Lerntyp gerecht zu werden, Lernspaß und Übungsmotivation zu erhöhen.
Alle Formen setzen die Lehrerin frei für Schülerbeobachtung und für die Arbeit mit kleinen Gruppen. Wichtig bleibt für effektives Lernen, daß die Texte für alle alternativen Diktate aus der Klasse, aus dem Unterricht heraus entstehen.

Das echte Diktat

Es erwächst als konkrete Schreibsituation unmittelbar aus dem Unterricht. Tagtäglich ergeben sich in allen Fächern Situationen, in denen Kinder sich etwas Wichtiges genau und vollständig notieren wollen oder müssen: Hausaufgaben, Merksätze, Unterrichtsergebnisse, Materiallisten, Stundenplanänderungen usw.
Diese Standardsituationen können außer durch Abschreiben und Verteilen von Textkopien auch für echte Diktate genutzt werden. Sie entlasten die Lehrenden und lassen Kinder üben, Informationen nach dem Gehör richtig und vollständig aufzuschreiben. Diese Fähigkeit brauchen sie auch außerschulisch, etwa bei Notizen vor oder nach Telefonaten oder wenn sie sich Adressen, Telefonnummern, CD- oder Buchtitel, eine Einkaufsliste aufschreiben wollen.
Beim echten Diktat in der Schule wird der Text von den Kindern nach Diktat geschrieben. Ein Kind schreibt an der Tafel oder auf eine Folie, damit anschließend gemeinsam kontrolliert und eventuell korrigiert werden kann, ob mein Text lesbar, vollständig und richtig ist.
Die Kinder lernen dabei, Gehörtes richtig und vollständig aufzuschreiben und Geschriebenes genau zu kontrollieren und zu korrigieren. Die notwendige Unterrichtszeit muß eingeplant werden. Echte Diktate sind für Lehrende regelmäßige Situationen für Lernstandsbeobachtungen zum Schreiben nach Diktat. Vier bis fünf Kinder kann ich genau beobachten und mir Notizen machen – ohne „Diktathefte".
Kurze Lied- oder Gedichttexte, ein neues Rezept, Arbeitsaufträge für Gruppenarbeit, einfache Rechengeschichten – echte Diktate sind Alternativen zur ständig wachsenden Kopierflut. Natürlich diktieren auch Kinder echte Diktate, etwa eine Wortliste, eine Info zu Aktivitäten ihres Sportvereins, ihrer Musik-, Malschule, einen Buch-, Kino-, Plattentip.

Entscheidend ist: Bei echten Diktaten ist der Text wichtig, notwendig, interessant. Er ist nicht bloß Transportmittel für eine Rechtschreibübung. Darüber hinaus sind echte Diktate Lernhilfen für das eigene Schreiben von Texten: Die Anordnung (etwa zeiliges Schreiben von Stichwörtern), Absätze, Satzbau, Wortwahl werden jeweils mit in den Blick genommen.

Das zweistufige Diktat

Es kann eine weiterführende Variante des echten Diktats sein, die außerhalb der Schule eigentlich regelmäßig genutzt wird. Die Durchführung erfolgt in zwei Schritten:
1. Die Kinder nehmen den diktierten Text als Konzept auf.

2. Das Konzept wird in Reinschrift übertragen, dabei dürfen alle verfügbaren Möglichkeiten zur Fehlervermeidung und Rechtschreibkorrektur genutzt werden.

In der ersten Stufe schreiben die Kinder relativ schnell den Text (Wörterliste, Satz, Text) auf. Rechtschreibunsicherheiten können dabei schon markiert werden (unterstreichen). Die Lehrerin muß für die oder mit der Lerngruppe entscheiden, ob

- das Konzept auf einem Blatt, die Reinschrift auf einem zweiten Blatt erstellt wird,
- Konzept und Reinschrift in zwei verschiedene Hefte geschrieben werden,
- beides in einem Heft erfolgt,
- das Konzept auf einem Blatt geschrieben wird, die Reinschrift in ein Heft.

Die Entscheidungen können Kinder unterschiedlich motivieren:

- Das fehlerhafte Konzept verschwindet nach der Reinschrift.
- Der Vergleich von Konzept und Reinschrift macht Fehlerquellen sichtbar, Schriftbild und Rechtschreibung lassen sich verbessern, wenn ich sorgfältig kontrolliere und korrigiere.

In der zweiten Stufe kann jedes Kind seinem individuellen Arbeitstempo entsprechend die Reinschrift erstellen. Schreibtempo, Art und Menge der Korrekturen und Korrekturhilfen sind dabei sehr unterschiedlich. Die Kinder können alle verfügbaren Korrekturhilfen und -verfahren nutzen. So vermeiden z. B. Kinder, die Schwierigkeiten bei der Trennung haben, das Trennen von Wörtern, andere überprüfen die Trennung mit Hilfe des Wörterbuches. Fehler-, Wörterhefte und -karteien dürfen/müssen für die Reinschrift hinzugezogen werden. Die Lehrerin gibt nicht die richtige Schreibung vor, sie gibt Lösungshilfen:

- Verlängere das Wort!
- Suche im Wörterbuch unter dem Stichwort ...!
- Oder sie markiert Falschschreibungen.

Die Durchführung der zweiten Stufe kann auch als Hausaufgabe erfolgen, wenn die Kinder gelernt haben, selbständig zu kontrollieren und zu korrigieren. Dazu muß allerdings vorher sichergestellt werden, daß die Eltern Intention und Verfahren des zweistufigen Diktats kennen, damit die Kinder und nicht die Eltern die zweite Stufe leisten.

Bei zahlreichen Erprobungen hat sich gezeigt, daß diese Form des Diktatschreibens auch hinsichtlich Schrifterziehung und Kontroll- und Korrektursicherheit wirksam ist und dadurch eine Verringerung der Fehlerzahl erreicht wird. Vor allem hat sich die Form des zweistufigen Diktats für die Überarbeitung von Texten generell positiv ausgewirkt: Die

Kinder wurden durch gezieltes Vergleichen von Konzept und Reinschrift motiviert, Hausaufgaben, Klassenarbeiten, Abgeschriebenes, Arbeitsblätter gründlicher zu kontrollieren und Wörterbücher gezielt zu nutzen.

Das Eigendiktat

Es ist besonders als Kurzübung zur Festigung und Wiederholung gelernten Wortmaterials geeignet. Die Kinder schreiben in einer vorher vereinbarten Zeit (5 bis 10 Min.) Wörter, Wortgruppen, Sätze oder kleine Texte, die sie rechtschriftlich sicher zu beherrschen glauben.
Bei der Einführung dieser Form muß den Kindern die Aufgabenstellung deutlich werden: Es geht nicht darum, möglichst viele Wörter zu schreiben, sondern Falschschreibungen zu vermeiden. Eigendiktate werden jeweils unter einem gestellten oder gemeinsam vereinbarten Thema geschrieben.

Schreibe auf:

- die Zutaten für deinen Lieblingssalat, -quark, deine Lieblingswaffeln,
- Herbstwörter,
- Zootiere,
- was du in der Schule oder zu Hause gern/nicht gern tust,
- Wörter mit dem Anfangsbuchstaben Sch,
- Wörter mit der Endung -heit, -keit, -nis,
- wie sich Menschen, Fahrzeuge, Tiere fortbewegen können (Wortfeldübung „gehen“),
- Wörter aus der Wortfamilie „fahren“,
- Nomen und zusammengesetzte Nomen zum Thema „Ritter“,
- Wörter mit tz, rr.

Differenzierungen ergeben sich durch die Wahlmöglichkeit der Kinder

- ○ Wörter, Wendungen, Sätze oder Texte zu schreiben,
- ○ das Wortmaterial jeweils selbst zu bestimmen,
- ○ Schreibmenge und Schreibtempo individuell zu variieren.

Dabei können sowohl aktuelle Lernwörter als auch länger Zurückliegendes als Übungsfeld ausgewählt werden.
Wichtig ist beim Eigendiktat, daß genau kontrolliert und korrigiert wird. Deshalb sollte die Zeitvorgabe zum Schreiben auch relativ kurz sein, zehn Minuten nicht überschreiten, um Konzentration und Motivation für die Kontrolle sicherzustellen. Die Sofortkontrolle ist als Eigen- oder Fremdkontrolle möglich. Bei unsicheren Rechtschreibern muß die Lehrerin in der Regel die Eigenkontrolle noch einmal überprüfen. Mit zunehmender Kontrollfähigkeit können die Kinder mit Hilfe von Wörterheft, Wörter-

buch, Wortkartei die Lehrerkontrolle durch Eigen- und Partnerkontrolle ersetzen.
Eigendiktate eignen sich als Kurzübungen für individualisiertes Rechtschreibtraining: Ohne besonderen Vorbereitungsaufwand, ohne zusätzliches Material! Sie fördern Selbsteinschätzung, Fehlersensibilität und Motivation zum Richtigschreiben.
Eigendiktate sind offene Schreibsituationen. Sie können und sollen Brükken zum eigenen Schreiben schlagen. Ob Wortgruppen und Wendungen, Sätze oder kleine Texte geschrieben werden, entscheidet jeder selbst. Da die Kinder an der konkreten Themenfindung beteiligt werden, können ihre aktuellen Schreibinteressen, Lieblingswörter, Textsorten, aber auch Textanordnung, Spaßsätze, Sprachspiele bei Eigendiktaten einbezogen werden.

Das Partnerdiktat

Es gehört inzwischen zum Übungsrepertoire der Grundschule wie der Sekundarstufe I. Die Übungsform ist besonders lernintensiv, weil der Text mehrmals genau gelesen, gehört, gesprochen, geschrieben wird:
- Wir lesen den ganzen Text,
- markieren Diktiereinheiten,
- lesen jeden Satz,
- diktieren Satzstücke,
- lesen noch einmal den geschriebenen Text, um zu kontrollieren.

Partnerdiktate sind also immer Lesetraining und Schreibübungen zugleich: Satzbau, Wortschatz, Satzmuster, Zeichensetzung werden lesend, sprechend, schreibend wahrgenommen. Deshalb wählen wir keine beliebigen Texte aus. Texte für Partnerdiktate vertiefen aktuelle oder wiederholen zurückliegende Unterrichtsinhalte. Zur Einführung sind Wortlisten besonders gut geeignet, wortweises Diktieren ist einfacher. Partnerdiktate sind deshalb auch eine Standardübung für unseren Grundwortschatz.
Von Anfang an lernen die Kinder: Partnerdiktate dienen der *Fehlervermeidung*, nicht der Fehlerfeststellung. Der diktierende Partner ist mitverantwortlich dafür, daß der Schreibende keine Fehler macht. Wer diktiert, muß den schreibenden Partner genau beobachten, Hilfen geben, um Falschschreibungen zu verhindern. Partnerdiktate sind also auch Übungen zur Kooperation.
Die gemeinsame Arbeit ist entscheidend. So vereinbaren die Partner, wer zuerst schreibt, wer zuerst diktiert. Sie verabreden Signale, um Falschschreibungen zu vermeiden: Stop! Halt! Vorsicht! Leises Klopfen. Sie erproben die Länge der Diktiereinheiten (Markierungen im Text oder geht es auch ohne?) und die Lautstärke beim Diktieren.

Kurze Texte für Partnerdiktate werden von der Klasse gemeinsam erstellt oder ausgewählt, auf Karten geschrieben, in Rezepthüllen gesteckt und in einem Schuhkarton gesammelt.
Sie können auch als Lesetexte, Abschreibtexte, zweistufige oder kommentierte Diktate verwendet werden. Die Textsammlung – natürlich aus unserem Unterricht – wächst, wenn Rezepte, Bastel- und Spielanleitungen, Gedichte regelmäßig ergänzt werden. Die Lernwörter der Woche gehören immer dazu. So entsteht kontinuierlich unterrichtsbegleitend eine klasseneigene Materialsammlung.

Das Dosendiktat

Es wird schon im 1. Schuljahr als Übungsform eingeführt, und es behält seinen Reiz über die Grundschule hinaus (z. B. beim Vokabellernen). Jedes Kind hat eine (Kaffee-, Espresso-, Tabak-)Dose mit einem abnehmbaren Plastikdeckel, in den ein breiter Schlitz eingeschnitten wird.
Übungstexte werden so aufgeschrieben, daß die Zeilenstreifen nicht zu lang sind (Speichermenge, die auswendig aufgeschrieben werden kann). Zur Arbeitserleichterung kopiere ich den Originaltext als Kontrollblatt für die Kinder. Dann schreibe ich ihn ungeordnet und überlasse den Kindern das Zerschneiden dieser Kopien.

Zum Ablauf:
- Die Kinder zerschneiden zunächst die „verwürfelten Texte" in Zeilenstreifen.
- Aus den Streifen wird ein sinnvoller Text gelegt – oft gibt es mehrere Möglichkeiten.
- Die erste Zeile des gelegten Textes wird genau gelesen, der Streifen in die Dose gesteckt und der Text auswendig ins Heft geschrieben.
- Nachdem alle Streifen in der Dose sind und die Texte ins Heft geschrieben wurden, wird das Abgeschriebene mit Hilfe des Kontrollblattes kontrolliert und eventuell korrigiert.
- Zuletzt werden alle Streifen und das Kontrollblatt in einen Briefumschlag gesteckt, das Thema auf den Umschlag geschrieben. Die Umschläge sammeln wir in einem Karton.

Natürlich werden die Dosen beklebt und bemalt, deshalb sind Plastikdosen weniger geeignet.

Übungsvarianten:
Bei kurzen Übungsphasen muß nicht der ganze Text geschrieben werden. Die Kinder finden selbst eine Menge sinnvoller Übungsvarianten:

- Der Text wird nur gelegt und gelesen.
- Ich schreibe heute nur den schwierigsten (leichtesten, kürzesten, längsten, schönsten ...) Satz ab.
- Ich lege (lese, schreibe) ein Eigendiktat.
- Ich buchstabiere schwierige Wörter.
- Ich kommentiere die Rechtschreibung, Zeichensetzung mit einem Partner.

Eine andere Variante, die regelmäßig zur Wiederholung des Grundwortschatzes durchgeführt wird:

- Suche aus deinem Lernwörter- oder Fehlerheft 6 bis 10 schwierige Wörter heraus, die du üben willst!
- Schreibe jedes Wort auf eine Wortkarte!
- Alle Karten aufeinanderstapeln!
- Sieh dir das Wort genau an!
- Stecke die Wortkarte in die Dose!
- Schreibe das Wort auswendig in dein Heft!
- Zum Schluß Wort für Wort kontrollieren und korrigieren!

Das Kassettendiktat

Es bietet besonders vielfältige Möglichkeiten, differenzierten Rechtschreibunterricht zu realisieren. Kassettendiktate haben vor allem auch die erzieherische Intention, Kassettenrecorder, heute ein Alltagsmedium nahezu jeden Kindes, produktiv zu nutzen und damit für die ausschließlich rezeptive Konsumhaltung Alternativen anzuregen.

Kassettendiktate sind besonders gut geeignet,

- unterschiedliches Schreibtempo zu berücksichtigen,
- individuelles Schreibtempo zu erhöhen,
- deutliches Sprechen zu trainieren,
- Sprechen und Lesen zu üben, Sprech- und Lesefehler selbständig zu korrigieren,
- Lesen, Sprechen, Schreiben zu integrieren,
- schülerorientierte Differenzierung zu realisieren.

Dabei kann diese Form des Diktats sowohl für unterrichtliches als auch häusliches Schreiben genutzt werden.

Einführung und Ablauf:

Die Lehrerin kann zuerst eine Kassette mit einem geeigneten kurzen Text zweimal besprechen (ganzer Text, Text in Diktiereinheiten). In der gesamten Lerngruppe oder einer Kleingruppe (Freiarbeit, Förderunterricht) wird zunächst nur das „Textganze“ abgehört. Danach werden die

akustisch vorgegebenen Diktiereinheiten geschrieben. Kontroll- und Korrekturphase erfolgen durch nochmaliges Abspielen der Kassette. Durch Stoppen an beliebiger Stelle sind Diktier-, Schreib- und Korrekturtempo individuell regulierbar.
Einstieg und Einführung sind auch möglich über Textarbeit: Ein kurzer Text, eine lustige Geschichte, ein Gedicht werden von einem oder mehreren Kindern auf Kassette gesprochen (Lesetraining, Klanggestaltung) und anschließend auch als Diktatmedium genutzt. Wenn die Kinder das Verfahren kennen, erstellen sie auch als Hausarbeit und freiwillig Kassetten. Genutzt werden sie entweder im Klassenverband, in der Freiarbeit, im Förderunterricht oder als differenzierte Hausaufgaben.
Für reibungslose Nutzung dieser Übungs- und Arbeitsform als Hausaufgabe, für Gruppenarbeit und Freiarbeit ist es unverzichtbar, die Kassetten genau zu beschriften bzw. eine Übersicht zu erstellen: Welche Texte sind auf welcher Kassette?
Für die Anwendung bringen Kinder zunehmend eigene Recorder bzw. ihren Walkman mit. Wir haben sowohl das Besprechen von Kassetten als auch die Schreibphase in Gruppenarbeit erprobt. Eine angemessene Lautstärke gehört wie bei jeder Partner-, Gruppen-, Freiarbeit natürlich als Lernziel zum Verfahren. Kassettendiktate können auch genutzt werden als zweistufiges Diktat und als kommentierte Diktate.

Häufig regte das Kassettendiktat Kinder dazu an, eine „Kassetten-Korrespondenz“ aufzubauen: Erlebnisse, Witze, Gedichte, Geschichten wurden zu Hause auf Kassette gesprochen, im Unterricht oder „für zu Hause“ der Lehrerin oder einzelnen Kindern vorgestellt.
Die zunehmende Menge von Walkmen regt dazu an, für Lesetraining, Sprechen von Gedichten Recorder als Lernmedium intensiv zu nutzen. Wenn Kassetten als lerneffektiv erfahren werden, nutzen Kinder das Medium auch nach der Grundschule, z. B. zum Vokabeltraining, für Referate etc.

Das kommentierte Diktat

Es dient zum einen der Fehlervermeidung, der Selbsteinschätzung von Rechtschreibschwierigkeiten, besonders aber der Kontrollfähigkeit, der Selbständigkeit, eigene Texte zu korrigieren. Zur *Einführung* dieser Diktatform sollte ein kurzer Text gewählt werden, um die Konzentration der Kinder nicht zu überfordern. Ein Satz wird vorgelesen, diktiert, geschrieben. Danach wird jedes Wort rechtschriftlich kommentiert, z. B.:
Ein Kind geht zur Schule.

Kommentar:		
Ein	–	wird *groß* geschrieben, weil es *am Satzanfang* steht.
Kind	–	wird *groß* geschrieben, weil es ein *Nomen* ist.
	–	wird mit *d* geschrieben – „Kinder".
geht	–	wird *klein* geschrieben, weil es ein *Verb* ist.
	–	wird mit *h* geschrieben, da Grundform „gehen".
zur	–	ist kein Nomen, also kleines *z, u, r.*
Schule	–	wird *groß* geschrieben, es ist ein *Nomen.*

Wichtig dabei ist die unabdingbare *Regel für das Kommentieren*: Es wird die *richtige* Schreibung genannt. Kommentare wie z. B.: „‚Kind' wird nicht mit t geschrieben, weil ...", „‚geht' wird nicht groß geschrieben, weil ..." stabilisieren falsche Assoziationen zwischen dem gehörten Kommentar und dem zu schreibenden Wort. Diese Regel muß mit den Kindern begründet vereinbart und die Einhaltung konsequent eingefordert werden, weil Kommentierung von Falschschreibung richtiges Schreiben behindert.

Kommentieren können ist Voraussetzung für Partnerhilfe beim Partnerdiktat, besonders jedoch für selbständige Kontrolle und Korrektur von geschriebenen Texten. Deshalb sollen in der *Lernphase* möglichst alle Kinder reihum kommentieren. Ist das Verfahren eingeübt, kann es *vor* dem Schreiben, unmittelbar *nach* dem Diktieren als Schreibhilfe erfolgen. Zur Einführung ist die oben genannte Korrekturhilfe günstiger, weil die Kinder den Text optisch vor sich haben.

Ziel ist, das Kommentieren als „inneren Ablauf" bei Rechtschreibunsicherheiten für alle Schreibsituationen zu trainieren. Dazu werden anfangs alle Wörter kommentiert. Zunehmend entscheiden Kinder, welche Wörter einer Kommentierung bedürfen, um Falschschreibungen zu vermeiden.

Kommentieren trainiert und internalisiert Lösungshilfen und Regelanwendung. Die Lehrerin erkennt dabei auch allgemeine oder individuelle falsche Regelgeneralisierung (z. B. „‚harben' schreibt man mit r, obwohl man es nicht hört wie bei ‚Garten'" oder auch „Vata" analog zu Sofa, Oma).

Mit solchen Kommentierungsübungen verlassen wir uns nicht einfach darauf, daß unsere Kinder erworbenes Sprachwissen und bekannte Lösungshilfen auch richtig anwenden können, sondern wir begleiten, bestätigen, korrigieren die Anwendung. Sprachwissen und Lösungshilfen werden geübt und fürs Schreiben genutzt.

Das Fragediktat

Die Form des kommentierten Diktates kann übergehen oder kombiniert werden mit dem Fragediktat, *Einführung* und *Ablauf* sind ähnlich. Vor dem Schreiben oder zu Beginn der Korrekturphase sollen die Kinder ihre jeweiligen Rechtschreibunsicherheiten durch gezielte Fragen klären: „Wie schreibt man ‚kam'?" – „Ich weiß nicht, wie ‚Maschine' geschrieben wird." Die Antworten werden von den Kindern wie beim kommentierten Diktat als Kommentare zur richtigen Schreibung gegeben. Es kann auch sinnvoll sein, Wörter zu buchstabieren oder an die Tafel zu schreiben. Regelmäßige Fragediktate sollen die Kinder bestärken, ihre individuellen Rechtschreibunsicherheiten ernst zu nehmen und Fehlervermeidungsstrategien zu nutzen.

Die jeweiligen Rechtschreibunsicherheiten können über die aktuelle Schreibsituation hinaus etwa in Form von Dosendiktaten oder Fehlerkarteien durch individuelles Üben schüler- oder lehrerorganisiert abgebaut werden.

Das Laufdiktat

Es ist eigentlich nichts anderes als „verzögertes" Abschreiben. Ein abzuschreibender Text wird – in Augenhöhe der Kinder – an 5 bis 6 verschiedenen Stellen im Klassenraum angeheftet. Die Kinder suchen sich eine Stelle zum Abschreiben aus. Sie lesen den ganzen Text, dann jeweils eine subjektive *Merkmenge,* die sie an ihrem Platz aufschreiben. Auch die abschließende Kontrolle geschieht „laufend". Wortweises oder gar buchstabenweises Abschreiben wird bei dieser Übungsform zugunsten größerer Abschreibeinheiten vermieden. Kinder lieben diese Übung, sie ist ein motorischer Ausgleich.
Vor der Erprobung sind Kolleginnen und Kollegen häufig skeptisch, fürchten rennende, schubsende, lärmende Kinder. Ich habe sie noch nie erlebt. Vielmehr hat sich das Laufdiktat gerade bei der Einführung freier Arbeit bewährt als Übung, sich situations- und zielgerichtet im Klassenraum zu bewegen. Vorsichtige Praktiker haben für diese Übungsform dennoch lieber den Namen *Schleichdiktat* gewählt.
Besonders sinnvoll sind Laufdiktate als Übung zum *Auf- und Mitschreiben,* eine Technik, die in und außerhalb der Schule immer wieder gebraucht, aber nie gelernt wird: Laufdiktattext genau lesen. Notiere für dich, was *du dir* merken willst! Jedes Kind entscheidet also, ob es den ganzen Text oder nur stichwortartige Satzstücke oder einzelne Stichwörter aufschreibt.

Das Wörterbuchdiktat

Es ist als Übung in zwei Varianten sinnvoll einzusetzen.
1. Variante:
Zur Einführung, Übung, Anwendung des Wörterbuches werden Wortlisten diktiert. Jedes Wort wird anschließend mit Hilfe des Wörterbuches kontrolliert. Nach der Kontrolle wird das Wort abgehakt – eventuell auch korrigiert – oder auch im Wörterbuch mit einem Punkt versehen. Die Lehrerin oder ein anderes Kind können zusätzlich kontrollieren. Die Kinder erfahren beim Wörterbuchdiktat, daß Nachschlagen sinnvoll ist. Die Lehrerin kann in der Kontrollphase einigen Schülern gezielte Hilfen beim Nachschlagen geben.
2. Variante:
Texte aus unterschiedlichen Schreibsituationen sind für diese Form mit unterschiedlichen Arbeitsaufträgen zu nutzen.

- Markiere/alle schwierigen/mindestens zehn/folgende Wörter!
- Schlage in deinem Wörterbuch nach!
- Korrigiere!

Beide Formen des Wörterbuchdiktats bieten sich auch als Hausaufgabe an, die Schreibphase erfolgt im Unterricht, die Kontrollphase zu Hause. Das individuelle Arbeitstempo der Kinder kann so problemlos berücksichtigt werden.

Das Knickdiktat

Ein DIN-A4-Blatt wird in der Mitte geknickt. Der Text steht auf der linken Hälfte. Nach dem Lesen des Textes wird die linke Spalte nach unten umgeknickt, der Text zeilen- oder satzweise auswendig in die rechte Spalte als Selbstdiktat geschrieben. Genaues Korrigieren ist bei dieser Übungsform besonders einfach, da die Textvorlage und der selbst geschriebene Text nebeneinander stehen (s. Beispiel S. 74).
Kinder mögen Knickdiktate und erstellen gern dafür Texte zur Übung aktueller und Wiederholung schwieriger Lernwörter. Sie werden kopiert und in der Materialecke in einem Ordner für Übungssituationen verfügbar gemacht.
Alle alternativen Diktatformen werden auf einem Wandplakat dokumentiert. Neue Schüler, Fach- und Vertretungslehrer können sich so schnell informieren, wie wir üben. Die Materialien – Übungsdosen, Kassetten und die erstellten Texte – werden im Klassenraum geordnet aufbewahrt als Angebot für selbständiges Üben und Wiederholen, als Anregung zur Erweiterung.

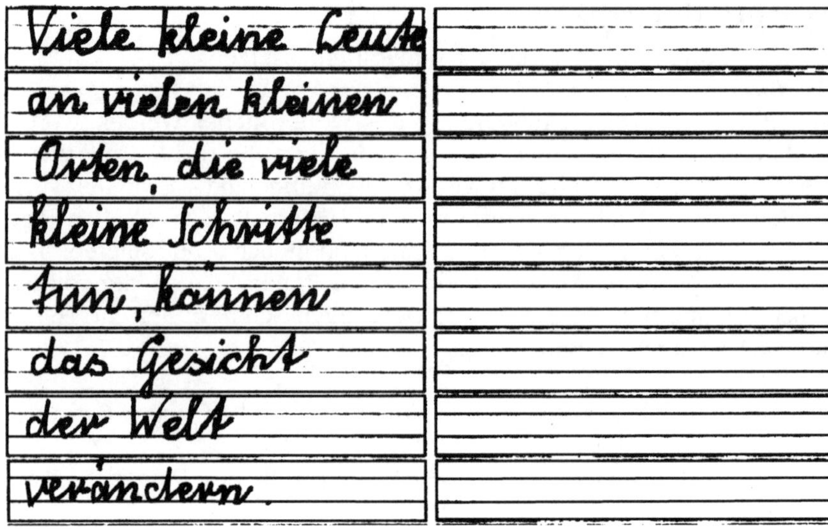

Erfassen von Regelhaftigkeiten

Ein Schwerpunkt der Grundwortschatzarbeit sind Übungen zum Erkennen orthographischer Muster, zum Erfassen von Regelhaftigkeiten und die Anwendung des Rechtschreibwissens als rechtschriftliche Lösungshilfen beim Schreiben noch ungesicherter oder „neuer" Wörter. Von Anfang an ist Rechtschreiben immer auch ein kognitiver Prozeß. Kinder lernen nicht additiv ca. 1 000 verschiedene Einzelwörter, sie speichern mit der Schreibung auch Gemeinsamkeiten als orthographische Muster, z. B.

Vater endet mit er wie Mutter – nicht mit a wie Oma;
Vater fängt genau so an wie Vogel;
Mutter hat tt wie Butter, Futter.

Lernwörter mit denselben Mustern

Phänomenorientierte Rechtschreibmaterialien und -texte werden hierzu nicht eingesetzt, die Kinder werden als Sammler, Entdecker und Materialproduzenten selbst tätig. Schon im 1. und 2. Schuljahr wurde festgestellt, es gibt nur wenig Wörter, die mit V beginnen. Sie wurden auf ein V-Plakat geschrieben und ergänzt, wenn wir neue fanden:
Als wir die Vorsilben vor- und ver- erfaßten und v im Wortinnern, entstanden neue Plakate:

Ver	– ver
der Verkehr	verlieren
das Vergnügen	verkaufen
die Verkäuferin	verkehrt
der Verkauf	verraten
das Verlies	verlaufen

Vv

der Pullover
brav
das Klavier
bravo

Vater, Vati, Vogel, Vieh,
Volk, Vase, Video
vom, vor, vorne, von,
viele, vier, voll,
vielleicht,
vergessen

Auch Wörter mit c, x, chs, Doppelvokalen wurden als Seltenheiten zum Merken auf Plakaten gesammelt, z. B.:

Xx		
die Hexer	verhexen	verhext
		fix
das Hexenhaus		
der Boxer	boxen	
der Boxkampf		
die Faxen	faxen	
der Mixer	mixen	

Zuerst entstanden so Plakate für Seltenes. Manchmal wurden auch Wortzusammensetzungen aufgeschrieben (Hexe, Hexenhaus), viele Wörter mit den Vorsilben vor-, und ver-, aber nicht alle. Die Auswahl war nicht zwingend einer Systematik unterworfen. So stehen z. B. auch Video und Vase in derselben Sammlung wie Vater und Vogel, weil für diese Kinder V oder W, V oder F nicht das Leitprinzip ihres Suchens und Zusammenstellens war.
Eine weitere Entdeckung führt zu unserem Fremdwörterplakat, weil Lautung und Buchstabenregelungen uns „irritierten“:

die Jeans	Jenny
das Video	der Kassettenrecorder
die Comics	das T-Shirt
der Kakao	das Sweatshirt
das Training	die Shorts
die Fans	der Cowboy
die Pommesfrites	
die Couch	

Jeweils erkannte Besonderheiten von Rechtschreibmustern wie ll, rr, mm, nn, ff, bb, tt, gg, pp, zz, tz, pf, ck führten zu neuen Plakatproduktionen. Zuerst wurden die Beispiele an der Tafel gesammelt, dort konnten sie jedoch nicht lange genug stehen bleiben. Also brauchten wir ein neues Plakat, dabei gab es dann folgende Aufgabenteilung: Schreiber, Einkreiser [wo(ll)en], Kontrolleure, Ergänzer, Aufhänger, Wortartenfachleute.
Das Sammeln führte bald dazu, neue Lernwörter, aber auch Wörter in Lese- und Schreibtexten darauf hin zu untersuchen, ob sich bestimmte Rechtschreibmuster entdecken ließen. Viele Kinder schärften ihren Blick dafür, es gab in unserer Klasse Rechtschreibdetektive.
Die Menge der Plakate fand keinen Platz mehr im Klassenraum, gleichzeitig war das malende Schreiben mit Pinsel, Wachsstiften oder Eddings nicht mehr so attraktiv. Alle vorhandenen Plakate wurden kritisch gesichtet, die meisten dabei ausgemustert, nachdem sie von freiwilligen Rechtschreibdetektiven neu geschrieben wurden

- auf Folien für unsere Rechtschreib-Folienmappe, oder
- auf DIN-A5-Karteikarten für unsere Rechtschreibkartei, oder
- auf Wortkarten (DIN A8) für Rechtschreibspiele (Domino, Bingo, Memory).

Wortfamilien, Wortarten und Wortzusammensetzungen

Auch in diesen Bereichen ist die Vermittlung expliziter Regelformulierungen für die meisten Kinder weniger hilfreich als handelndes lesend-schreibendes Sammeln und Ordnen immer dann, wenn uns etwas auffällt. Schon im 1. und 2. Schuljahr wurden die Wortarten Nomen, Verb und Adjektiv benannt und durch Signalfarben markiert. Im 3. Schuljahr begann – entdeckt beim Zeug<u>nis</u> –

- die -nis-, -ung-, -heit-, -keit-, -schaft-Forschung,
- die -ig-, -lich-, -bar-Suche,

- die Vorsilbenerprobung,
- die Wortzusammensetzungsfabrikation.

Rechtschreiben und Sprachuntersuchungen, Schreiben und Spielen mit Sprache, schreibmotorisches Training, Wortschatzerweiterung, hörendes und sprechendes Erproben und Überprüfen wurden dabei wie von selbst integriert. Entdeckerfreude und Sammellust führten zum Ordnen und Gruppieren der Lernwörter unter vielerlei Aufgabenstellungen. Spannend blieb dabei, daß wir häufig nicht wußten, wie weit sich eine Sammlung entwickelte. Wir sammelten z. B. Vorsilben – nicht systematisch, sondern immer dann, wenn wir sie entdeckten:

Vorsilben

ver-	ein-	auf-	hin-	ent-
vor	aus	ab	weg	zer

Wir konnten sie zwar mit vielen Verben zusammensetzen, aber nicht mit allen:

verschreiben	aber	~~entschreiben~~
vorschreiben		~~zerschreiben~~
einschreiben		~~wegschreiben~~
aufschreiben		
abschreiben		
hinschreiben		

Die Arbeit mit Adjektiven entwickelte sich besonders intensiv.

1. Gegenwörter

oben	–	unten	gerade	–	krumm
lang	–	kurz		–	ungerade (Zahlen)
leer	–	voll		–	schief
arm	–	reich	freundlich	–	unfreundlich
billig	–	teuer	wichtig	–	unwichtig
breit	–	schmal	giftig	–	ungiftig
dunkel	–	hell	glücklich	–	unglücklich
früh	–	spät	genau	–	ungenau
jung	–	alt	kalt	–	warm
gut	–	böse		–	heiß
	–	schlecht			

Dabei entdeckten wir, manchmal gibt es zwei Gegenwörter, manchmal gar keines; es muß durch die Vorsilbe un- gebildet werden. Wir vermuten, das gilt für alle Wörter mit den Endsilben -ig oder -lich, bis wir über genau – ungenau stolperten, und bald auch dafür weitere Beispiele fanden:

gerade – ungerade (Zahlen)
gerecht – ungerecht
schön – unschön, häßlich

aber hungrig? herrlich?
Und dann gab es noch Adjektive wie

wunderbar,
hilflos,
schreibfaul,
geheimnisvoll,
sonderbar.

Hier fanden wir nur mit „nicht“ eine passende Lösung, „normal“ paßte manchmal, aber

heimlich – unheimlich?
herrlich – dämlich?

2. Adjektive werden durch Zusammensetzung genauer:

leer	– halbleer	laut	– halblaut
naß	– klatschnaß	stark	– bärenstark
	pitschnaß	leicht	– federleicht
gar	– halbgar	scharf	– messerscharf
richtig	– halbrichtig	warm	– lauwarm
still	– mäuschenstill	kalt	– eiskalt
	muckmäuschenstill		

3. Farbadjektive:

blau	– himmelblau	rot	– blutrot
	– hellblau		– purpurrot
	– dunkelblau		– rotbraun
	– zartblau		– hellrot
	– grünblau		– dunkelrot
	– bläulich		– rötlich
			– blaurot
			– orange

Selbst *schwarz* war nicht einfach schwarz, sondern tiefschwarz – pechschwarz – nachtschwarz – rabenschwarz – fast schwarz – schwärzlich – grauschwarz.
Die Entscheidungen, ob es diese Wörter gab und was sie genau meinten, wurden immer zuerst sprachhandelnd erprobt: Es wurden Beispiele mit Nomen oder Sätzen versucht, Mitschüler, Lehrerin, Wörterbücher waren nur in Zweifelsfällen die letzte Instanz, ob Wörter in die Sammlung aufgenommen wurden. Operativer, produktiver Umgang mit Sprache

wurde so zu intensiver Auseinandersetzung mit Wortarten, Wortbausteinen, Wortverwandtschaft, Wortbildung, Vor- und Nachsilben, Wortzusammensetzungen. Entdecken von Regelhaftigkeiten, Wortschatzsicherung und -erweiterung, Sprachwissen, Lesen, Sprechen, Rechtschreiben waren untrennbar verbunden.
Viele Kinder profitierten von diesen Übungen erkennbar für die Wortwahl beim Schreiben eigener Texte. Andere zogen die Wortsammlungen zu Hilfe, wenn ihnen beim Schreiben „gar nichts", immer nur dieselben Wörter einfielen. „Dann werden meine Texte spannender (lustiger, genauer, unheimlicher) ..."

Übungsbeispiele für Wortbausteine erfassen – Wortfamilien erkennen – Wortstamm als Lösungshilfe nutzen:

das Fahrrad
die Fahrbahn
die Fahrkarte
der Fahrschein
das Fahrzeug

der Fahrer	der Autofahrer	die Autofahrt
die Fahrerin	der Busfahrer	die Zugfahrt
die Fahrt	die Radfahrerin	die Busfahrt
abfahren	der Motorradfahrer	die Schiffahrt
wegfahren	die Rollerfahrer	die Bootsfahrt
losfahren	die Schnellfahrer	die Kaffeefahrt
hinfahren	die Langsamfahrer	die Ausfahrt
zurückfahren	der Beifahrer	die Einfahrt
durchfahren	ich fahre	die Hinfahrt
	du fährst	die Rückfahrt
	sie fährt	die Durchfahrt
	wir fahren	die Abfahrt
	ihr fahrt	
	sie fahren	

die Fahrzeit
die Fahrstrecke
das Fahrgeld
das Fahrtenmesser
die Fahrpläne
der Fahrkartenautomat
die Autobahnausfahrt
der Fahrzeughalter
der Beifahrersitz

Wortfamilien wurden immer wieder gesammelt, auf sehr unterschiedliche Weise dargestellt, und dabei wurden auch die auffälligen und „unzuverlässigen Verwandten" entdeckt, markiert und einige, die uns zu falschem Schreiben verführen, bekamen die „rote Karte".
Die auffälligen und unzuverlässigen Verwandten wurden so gesammelt:

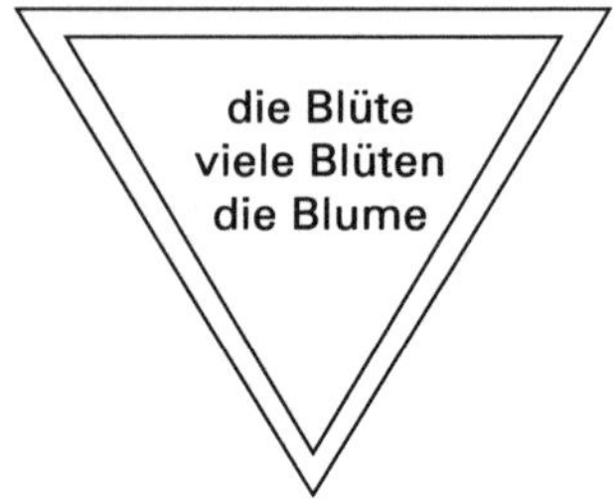

Wir bauen
WORTTREPPEN
TREPPENHAUS
HAUSTÜR
TÜRSCHLOß
SCHLOßGARTEN
GARTENZWERG

Wir bilden
WORT [] KETTEN [] SCHLOß [] GRABEN [] WASSER []
PFLANZEN [] SCHUTZ [] ENGEL [] HAAR [] SCHNITT [] BLUMEN

Wir schreiben
Wort – Schreib – Lesetürme – Satztürme

Hase
Osterhase
Osterhasenfamilie
Osterhasenfamilientreffen
Osterhasenfamilientreffentermin

Wir
Wir bauen
Wir bauen immer
Wir bauen immer wieder
Wir bauen immer wieder lange
Wir bauen immer wieder lange Wörter
Wir bauen immer wieder lange Wörter und Sätze.

Grundwortschatzwörter werden durch solchen regelmäßigen tätigen Umgang zum Modellwortschatz. Handelnd werden Regelhaftigkeiten und Muster zu „inneren“ Schreibregeln, die unbewußt das richtige Schreiben steuern. Wir alle beherrschen schreibend viel mehr Regeln als wir kennen oder gar formulieren können, wie Pluralbildungsregeln, Wortzusammensetzungen mit einem Fugen-s. Bedeutsam bleibt für Sicherung und Ausbau des Grundwortschatzes, erkannte Regelungen und Muster durch farbiges Markieren immer wieder visuell zu unterstützen: Wortarten, Wortbausteine, gleiche Vor- und Nachsilben, Wortstämme, Verbindungen durch Übermalen, Einkreisen, Unterstreichen, Länge- und Kürzezeichen für Vokale in den Blick zu rücken. Die so entstehenden Übungsprodukte erhalten durch das Sammeln in einer Rechtschreibmappe für Kinder eine zusätzliche Bedeutung und Wertung, sie werden zu Lernspuren und sichern zudem, daß erkannte Regelhaftigkeiten bis zum Ende der Grundschule immer wieder situativ in den Blick genommen, geübt, wiederholt und damit zunehmend gefestigt und dauerhaft gelernt werden.

4. Unterrichtspraktische Beispiele

Die Entscheidung für grundwortschatzorientiertes Rechtschreiblernen bedeutet keine Festlegung auf bestimmte pädagogische Unterrichtsformen. Sicherung und Ausbau eines Grundwortschatzes als Weg und Ziel der Rechtschreiblernprozesse im 3. und 4. Schuljahr enthält keine automatische Kopplung an offene oder geschlossene Unterrichtsformen. Die Organisation der Lernprozesse ist in allen Formen lehrergeleiteten Unterrichts, in Freiarbeit, Wochenplanunterricht, Unterrichtsvorhaben und -projekten möglich. Dies sei vorab ausdrücklich klargestellt, um eventuellen Mißverständnissen vorzubeugen, die zur Zeit die Diskussion um den einzig richtigen Weg beim Erstlesen/Schreiben bestimmen: Die Entscheidung für die Arbeit mit einer Fibel wird gleichgesetzt mit „Fibeltrott" und Verzicht auf offenen handlungsorientierten und schüleraktiven Unterricht, ohne Freiarbeit, Projekte u. ä. Und umgekehrt sei der Verzicht auf ein Lehrwerk automatisch die Realisierung von Freiarbeit par excellence. Ähnliche Fragen und Bedenken gibt es auch beim Grundwortschatz. Ist mit Projektarbeit auch ein kontinuierlicher Auf- und Ausbau eines Grundwortschatzes möglich, gibt es im Zusammenhang mit Projekten und in Freiarbeit ausreichend Trainingsmöglichkeiten für grundwortschatzorientierte Rechtschreiblernprozesse? Oder ist die Entscheidung für ein Lernwörterheft, für konsequentes Kontrollieren und Korrigieren von Texten, für gezieltes Üben und Wiederholen von Grundwortschatzwörtern nicht von vornherein eine Entscheidung gegen freies Arbeiten und offene Unterrichtsformen ebenso wie gegen „freies" Schreiben?

Das Rechtschreiblernen im 3. und 4. Schuljahr unterscheidet sich weniger stark voneinander als in den beiden vorhergehenden Schuljahren; deshalb werden sie im folgenden auch nicht getrennt. Unterschiede zwischen verschiedenen Klassen und Schulen sind häufig größer als zwischen den Schuljahren. Der Grad der Selbständigkeit und die Bedeutung von Sprachwissen und Sprachdenken, Regelkenntnisse und deren Anwendung, Grundwortschatzmenge und Nutzung des Wörterbuches zum richtigen Schreiben wachsen kontinuierlich, weisen aber keine grundsätzlichen Unterschiede auf.

Zielsetzung der Rechtschreibarbeit

Für die Langzeitplanung werden folgende Ziele angestrebt:

- Die Kinder können aktuelle und „alte“ Lernwörter in unterschiedlichen Schreibsituationen richtig schreiben.
- Sie führen die Arbeitstechnik Abschreiben sachgerecht durch einschließlich Kontrollieren und Korrigieren.
- Sie erkennen Falschschreibungen in eigenen und fremden Texten und können sie korrigieren.
- Sie benutzen das Lernwörterheft, die Wörterkartei, das Wörterbuch als Rechtschreib- und Korrekturhilfe.
- Durch vielfältigen Umgang mit Wörtern und Sätzen (Spielen, Ordnen, Sammeln, Zusammensetzungen und Erproben von Wortbildungen) entdecken sie Regelungen und Schreibmuster, Abweichungen und Besonderheiten (z. B.: Wie kommt das „s“ in den Geburtstag?).
- Sie erfassen das Prinzip der Stammschreibung und erproben Ableitungsmöglichkeiten als Lösungshilfen (z. B. Wald – Wälder, gehen – geht, halten – hält).
- Sie erfassen einfache Regelungen der Großschreibung und wenden sie beim Schreiben an: Satzanfänge, Nomen, Anredepronomina in Briefen.
- Sie wenden Regelungen für Satzschlußzeichen und einfache Regeln für Satzbinnenzeichen (Komma bei Anrede, bei Aufzählungen, Redezeichen) selbständig an.
- Sie entwickeln Fehlervermeidungsstrategien durch Kenntnis eigener Fehlerquellen und -schwerpunkte, Eigen- und Fremdkorrektur, Anwendung von Lösungshilfen, Nachschlagen im Wörterbuch.
- Sie steigern ihr Schreibtempo und entwickeln eine flüssige lesbare Handschrift.

Die Auswahl unserer Lernwörter

Meine Grundwortschatzliste bleibt auch im 3. und 4. Schuljahr ausschließlich meine Planungs- und Arbeitshilfe, um den Überblick zu behalten. Ich markiere Wörter, die schon im Lernwörterheft stehen, um sie für Lernzielkontrollen, Wiederholungen, Übungen zur Regelerfassung (z. B. Wortendungen, Vor- und Nachsilben, Wortarten, Wortzusammensetzungen) und Leistungsfeststellung präsent zu haben. Ich verschiebe, ergänze, streiche einzelne Wörter und Wortformen auf der Grundlage von Textproduktionen der Kinder. Die konkreten 8–10 Lernwörter pro Woche werden zu Beginn oder während eines Unterrichtsvorhabens jeweils mit den Kindern gemeinsam festgelegt. Die Handhabung ist dabei flexibler als im 2. Schuljahr, wenn etwa beim Thema Kalender alle zwölf Monatsnamen als Lernwörter rechtschriftlich gesichert werden, allerdings erstrecken sich Unterrichtseinheiten, -vorhaben und -projekte häufig über den Zeitrahmen einer Woche hinaus.

Die Präsentation der Lernwörter erfolgt nicht mehr in Form von Wandtapeten. Sie werden stattdessen auf Folien festgehalten, in einem Folienordner gesammelt, der allen jederzeit zugänglich ist. Außerdem gibt es noch einen „Wochenlernwörterkarteikasten" (das Wort wurde von den Kindern beim Thema „Riesenwörter" gefunden und beibehalten) mit DIN-A5-Karteikarten als chronologische Sammlung. Damit ergänzen z. B. Kinder, die gefehlt haben, ihre Lernwörterhefte.

Datum: ...
Thema: Wir machen einen Schuljahreskalender für unsere Klasse
Monatsnamen:

August	April
September	August
Oktober	Dezember
November	Februar
Dezember	Januar
Januar	Juli
Februar	Juni
März	März
April	Mai
Mai	November
Juni	Oktober
Juli	September

Für zusätzliche häufige Schreibwörter entsteht während des Vorhabens eine Wörterliste, um sie für richtiges Schreiben und Korrigieren schnell präsent zu haben und nicht ständig neu nachschlagen zu müssen, z. B.:

Kalender	Klassenfahrt
Erntedankfest	Gäste
St. Martin	Klassenraum
Nikolaus	Einladungen
Weihnachtsvorbereitungen	einladen
Adventkranz	sammeln
Adventsingen	aufstellen
Frühlingsfest	

Aufgabenstellungen und Ordnungshilfen für den Lehrer

Meine Aufgaben bei der Organisation der Lernprozesse zur Sicherung und zum Ausbau eines Grundwortschatzes sind vielfältig. Für mich ist es hilfreich, wenn ich mir einen Organisationsrahmen schaffe für die notwendigen Kontrollen und Korrekturphasen, für regelmäßige Schülerbeobachtung, Einzelgespräche und Rückmeldungen an Kinder. Nur so kann ich auch bei wachsendem Wortmaterial und vielfältigen Arbeitsmitteln die Übersicht behalten, Übungen und Wiederholungen, Selbsttätigkeit und Differenzierung ermöglichen und notwendige Hilfestellungen leisten.
Es gibt ritualisierte Standardsituationen, in denen ich meine Arbeit nicht unterbrechen lasse und nicht gestört werden darf. Die Schüler erleben, daß ich zum Lesen und Schreiben, Kontrollieren, Korrigieren und Kommentieren Konzentration und Ruhe brauche. Für alle Fälle gibt es eine grüne Karte auf meinem Tisch:

Ruhe bitte	Pst

Diese Karte ist anscheinend faszinierend, auch einige Kinder arbeiten inzwischen damit, nicht nur in der Schule, auch zu Hause.

Korrekturphasen

Unsere Grundwortschatzarbeit macht trotz der eingeübten Eigen- und Partnerkorrektur zahlreiche Lehrerkorrekturen nicht überflüssig. Die Kinder erwarten mit Recht, daß ich ihre Arbeitsergebnisse zur Kenntnis nehme, würdige und kommentiere. Für mich ist es notwendig, Lernfortschritte und Lernschwierigkeiten festzustellen. Natürlich gehören die meisten Kontrollen zu meinen Hausarbeiten. Die Kinder arbeiten grundsätzlich auf DIN-A4-Blätter. Sie werden in mein Ablagekörbchen gelegt und erst nach erfolgter Korrektur in ihre Ordner abgeheftet. So muß ich nicht stapelweise Hefte schleppen, die Kinder müssen nicht zwischen verschiedenen Heften wechseln, weil ich sie eingesammelt habe.
Alle *Wortkarten, Spiel- und Karteikarten* für Klassenkarteien werden in einen Schuhkarton auf meinem Tisch gelegt, erst wenn ich ihn „korrigiert" auf die Fensterbank stelle, ist das Material zum Einordnen freigegeben.
Für die *Lernwörterhefte* ist *Sofortkorrektur* unabdingbar. Fehlerhafte Eintragungen müssen sofort korrigiert werden, ehe sich Falsches durch

Übungen einprägen kann oder fehlende Wörter aus dem Übungs- und Wiederholungskanon fallen. Einige Korrekturen schaffe ich schon, während die Kinder die Lernwörter eintragen, die restlichen im Laufe des Vormittags. Die Lernwörterkartei mit der alphabetischen Reihenfolge erspart Zeit, da sich schnell erkennen läßt, welche Buchstabenseiten ich überprüfen muß.
Auf der Rückseite notiere ich Fehlerschwerpunkte, zusätzliche häufige Schreibwörter der Kinder sowie Übungen und Wiederholungen. So entsteht eine geordnete Planungs- und Reflexionshilfe für meine Arbeit.

Beispiel einer Lernwörterkarte – Vorderseite und Rückseite:

	Datum: ...
	Thema: Bei Wind und Wetter
	gestern
	schwach
	stark
	stürmisch
der	Sturm
das	Wetter
der	Wind
	windig
die	Wolke
	wolkig

Wiederholung alter Wetterwörter:	Wortbildungen:	Übungen:
heiß	Sonne – sonnig	sonniges Wetter
kalt	Wind – windig	stürmischer Wind
heute	Wolke – wolkig	(Verlängerung,
leicht	Regen – regnerisch	Adjektive,
morgen	Sturm – stürmisch	Komposita:)
der Regen		Regenwetter
es regnet		Regenschirm
sie scheint		Sonnenschein
der Schnee		Sonnenschirm
schön		
die Sonne		

Schülerbeobachtung und Lernzielkontrollen

Für die Arbeit mit neuen Lernwörtern haben wir von Anfang an einige Standardübungen vereinbart:

- ○ Die Wörter werden von der Tafel oder dem Tageslichtprojektor ins Lernwörterheft abgeschrieben.
- ○ Sie werden geordnet und noch einmal geschrieben
  - – nach der Wortlänge (im 4. Schuljahr wird diese Übung durch Ordnen nach Wortarten ersetzt),
  - – nach ihrer subjektiven Schwierigkeit, dabei werden die jeweils schwierigen Wortstellen farbig markiert.
- ○ Sie werden als Eigendiktat geschrieben.

Während dieser Pflichtübungen und auch bei den Wahlaufgaben, die die Kinder selbständig durchführen, bin ich freigesetzt für Schülerbeobachtung. Ich führe dazu eine Schülerkartei – in veränderter Form – weiter, wie ich sie zu Lernstandsbeobachtungen im 1. und 2. Schuljahr begonnen habe. Das Raster sichert Beobachtungsschwerpunkte, die durch konkrete Beobachtungsnotizen in freier Form ergänzt werden.

Lisa Datum:	Selbständigkeit Konzentration Arbeitstempo Sozialformen	Lernwörter (neue – alte)	Regelanwendung Regelwissen Arbeitstechniken Fehlersensibilität

Diese Beobachtungsbögen erleichtern mir, die notwendigen Einzelhilfen und Differenzierungsmaßnahmen im Blick zu behalten. Sie sind Grundlage für Schüler- und Elterngespräche und für die Zensurenfindung, die ja alle im Rechtschreiben erbrachten Leistungen einbeziehen soll, nicht nur Klassenarbeiten. Insbesondere für die Förderung von langsamlernenden Kindern mit besonderen Schwierigkeiten beim Rechtschreiben wird notiert, ob

- ○ gezielte Übungen zur Sicherung von Laut-/Buchstabenbeziehungen notwendig sind,

- einzelne Buchstabenverbindungen motorisch noch nicht gesichert sind,
- die Speichermenge beim Abschreiben unterhalb der Wortgrenze liegt,
- Schriftqualität oder Schreibtempo trainiert werden müssen,
- Länge und Kürze von Vokalen noch nicht erfaßt werden.

Für die Kinder werden dann die Abschreibhilfen (Abdeckkarte, Übungsschieber, Verbenbaum) wieder verpflichtend. Sie kennzeichnen kurze und lange Vokale im Lernwörterheft und allen Übungstexten: Die Katze tritt die Treppe krumm.

Ich arbeite also mit folgenden Ordnungshilfen: Ich führe das Klassen-Lernwörterheft und ich sammle die Lernwörter der Woche im Klassenkarteikasten.

Ich führe eine Schülerkartei mit konkreten Lernstandsbeobachtungen zum Bereich Schrift und Rechtschreiben. Notizen dazu entstehen im Unterricht in verschiedenen Situationen:

bei Übungen und Wiederholungen von Lernwörtern, beim Schreiben und Überarbeiten von Texten, in Freiarbeitsphasen, bei Einzel-, Partner-, Gruppenarbeit. Notizen mache ich auch bei Korrekturen von Hausaufgaben und freien Texten, Wortlisten, Lernzielkontrollen und Klassenarbeiten.

Handwerkszeug und Organisationshilfen für die Schüler

Persönliche Arbeitsmittel

- Jedes Kind führt sein *Lernwörterheft*. Es dient als Leitmedium für die verbindlich festgelegten Pflichtübungen und die wahlfreien Übungen mit neuen Lernwörtern und zur Wiederholung alter Wörter. Außerdem wird das Lernwörterheft als Korrekturhilfe genutzt, insbesondere von Kindern, die damit noch schneller und sicherer umgehen als mit dem Wörterbuch.
- Jedes Kind hat seit dem 2. Schuljahr ein *Wörterbuch*, und zwar SENNLAUB, Von A bis Zett, Berlin (Cornelsen). Viele Kinder sind darüber schon „hinausgewachsen“, einige suchen sogar schon in meinem Rechtschreibduden bestimmte Wörter. Zeitlich differenziert wird im Laufe des 3. Schuljahres je nach Fertigkeit ein umfangreicheres Wörterbuch (z. B. der Schülerduden) eingeführt.

Kontrolle und Korrektur von Texten werden differenziert mit Hilfe des Lernwörterheftes, eines Wörterbuches oder mit Wortkarten aus der Klassenwörterkiste durchgeführt.

- ○ Jedes Kind hat einen DIN-A4-Ordner für das Fach Sprache, darin werden Arbeits- und Textblätter, Wortlisten, Übungen und eigene Texte abgeheftet, die im Unterricht oder zu Hause erstellt worden sind. Ein solcher Ordner hat m. E. viele Vorteile gegenüber den üblichen Schulheften:
  - Begonnene Arbeiten können problemlos am nächsten Tag weitergeführt werden, ohne daß dazwischen andere Übungen auftauchen.
  - Für bestimmte Arbeiten kann die jeweils geeignetste Lineatur gewählt werden, z. B. karierte Blätter für Worttreppen, Worttürme, Wortpyramiden; unlinierte für Wortbilder, Schreibgestaltungen wie z. B.

  - Wortlisten und Karteikarten können problemlos abgeheftet werden.
  - Da alle Arbeiten mit dem Datum versehen sind, ist chronologisches Abheften ohne Schwierigkeiten möglich.
  - Diese Form erleichtert insbesondere die regelmäßigen Lehrerkorrekturen und -kommentierungen, ohne die kontinuierliche Mappenführung zu behindern.
- ○ Jedes Kind hat ein Ablagekörbchen für von mir korrigierte Arbeitsblätter, Karteikarten, Wortlisten …
- ○ Jedes Kind hat eine Abdeckkarte, einen Verbenbaum, eine Übungsdose, einen Fehlerkasten zum Üben hartnäckiger Fehlerwörter oder zum „Berichtigen“ und vorgelochte DIN-A4-Blöcke: liniert, kariert, unliniert und einen Kieserblock 0 3 zum zweizeiligen Vorschreiben von Texten.

Klassenarbeitsmittel

Als Klassenarbeitsmittel werden eingesetzt:

- das Klassenwörterheft,
- die Folienmappe mit den Lernwörtern der Woche,
- die Klassenwörtersammelkartei,
- die Wörterkiste,
- die Wörtersuchkartei mit Themen-Rubriken, die erweitert werden: Alles, was fahren kann. – Alles, was fliegen kann. – Alles, was flüssig ist. – Alles, was im Klassenraum ist. – Alles, was ich gern/nicht gern tue. – Alles, was im Zoo ist. – Alles aus der Ritterzeit. – Alles vom Wetter.
- Die Rechtschreibkartei, die von uns selbst sukzessive erstellt wird nach dem Muster bb – die Ebbe:

bb	mm	ss	ck
dd	nn	tt	ee
ff	pp	tz	aa
gg	rr	pf	oo
ll			

Die Vielfalt und Menge persönlicher und gemeinsamer Klassenarbeitsmittel ist keine zwingende Vorgabe oder Voraussetzung für Grundwortschatzarbeit. Sie könnte erschlagen oder abschrecken. Geplant hatte ich nur einiges, vieles entstand bei der gemeinsamen Arbeit, wurde allmählich ergänzt, wie z. B. der Fehlerkasten, die Verbenbäume, die Wörtersuchkarteien, der Folienordner, die Rechtschreibkartei, Rechtschreibspiele.
In jeder neuen Lerngruppe muß sich zeigen, welche Arbeitsmittel für diese Kinder lohnend, motivierend, notwendig sind. Insbesondere auch, wieviel Ordnungsarbeit die Klasse, d. h., alle Kinder oder einzelne Gruppen selbständig regelmäßig und zuverlässig leisten. Ich will und kann diese Arbeit nicht ständig für die Kinder übernehmen. Ohne Ordnung (Vollständigkeit, thematische oder alphabetische Zuordnung) ist kein zielgerichtetes und störungsfreies Auswählen und Arbeiten möglich.

Übungsformen

Mit der Grundwortschatzarbeit werden allmählich Übungsformen aufgebaut für die Übung neuer Lernwörter und zur Wiederholung des Wortmaterials. Für die jeweiligen Lernwörter der Woche sind einige *Pflichtübungen* verbindlich festgelegt:

1. Die Wörter werden ins Lernwörterbuch eingetragen.
2. Sie werden geordnet nach der Wortlänge aufgeschrieben.

3. Die Schwierigkeiten werden farbig markiert.
4. Die Wörter werden als Eigendiktat geschrieben.

Diese Übungen erfolgen in Einzelarbeit. Die Übungen zu 3. und 4. berücksichtigen die individuellen Schwierigkeiten der Kinder. Sie entscheiden selbst über Art und Menge der Markierungen. Dasselbe Wort kann in derselben Klasse unterschiedlich markiert sein:

vielleicht	vielleicht	Fahrrad	Fahrrad
vielleicht	vielleicht	Fahrrad	Fahrrad
vielleicht		Fahrrad	

Das Eigendiktat ist eine erste Lernzielkontrolle, Wörter, die noch nicht „sicher" sind, werden auf eine Wortkarte geschrieben und mit dem Fehlerkasten geübt.

Neben diesen verpflichtenden Standardübungen gibt es

- *Wahlübungen* wie Partnerdiktat, Dosendiktat, zweistufiges Diktat, Wörterbuchdiktat.
- verschiedene *Abschreibformen* mit Abdeckkarte, Abschreibschieber, Verbenbaum und ohne Hilfsmittel.
- *Ordnungsaufgaben* nach dem ABC, nach Schwierigkeit, nach Silbenzahl, nach Wortarten.
- *Wortartenaufgaben* für Nomen (Schreibe die Mehrzahl. Schreibe die Verkleinerung. Setze ein passendes Adjektiv davor. Bilde zusammengesetzte Nomen. Erfinde Riesenwörter.), für Verben (Übe mit dem Verbenbaum. Bilde Zusammensetzungen mit Vorsilben.), für Adjektive (Schreibe das Gegenteil. Ordne nach verschiedenen Endungen: kindlich, windig, stürmisch, wunderbar, traumhaft).
- *Kreative Aufgaben:* Baue Worttreppen, Worttürme, bilde Wortketten, male Wortbilder, erstelle Wortlisten, schreibe Dosentexte, schreibe Partnerdiktattexte, Spielkarten, Spielpläne.
- *Mündliche Übungen:* Buchstabieren, kommentieren, Worträtsel erstellen (nenne ... Welches Wort hat ...).

Bei allen Wahlaufgaben entscheiden die Kinder, ob sie in Einzelarbeit, mit einem Partner oder in der Gruppe üben wollen.

Käufliche Materialien

Der Markt für Rechtschreibmaterialien, Freiarbeitsmaterialien zum Lernbereich Rechtschreiben, Rechtschreibarbeitshefte, Trainingsprogramme, Rechtschreibkurse und -lehrgänge, Kopiervorlagen und Foliensammlungen ist kaum noch überschaubar. Sie nur zu nennen oder gar wertend zu kommentieren würde den Rahmen sprengen. In meiner schulpraktischen Arbeit habe ich zunehmend darauf verzichtet,

- weil nur selten die Passung zu unserem Wortmaterial, unseren Themen und Lernsituationen, unserer grammatischen Terminologie, unseren Texten und Schreibanlässen gegeben oder herstellbar war,
- weil auf den ersten Blick manches lohnend schien, in der praktischen Arbeit erst entdeckten wir die Stolpersteine: Schriftgröße, Textmenge, Wortbedeutungen, Satzbau, Formulierung der Arbeitsaufträge, von Merksätzen und Regeln, Platz zum Schreiben u. v. a. m. machten selbständiges Arbeiten häufig schwierig.

Wir beschränken uns deshalb auf unser Sprachbuch: Die Wörterliste im Anhang, die Aufgabenvorschläge zur Wörterliste und Aufgabensammlungen zum Üben geben uns vielfältige Ideen, Anregungen zum Üben unserer Lernwörter. Häufig gilt das auch für die zum Sprachbuch konzipierten Arbeitshefte.
Sachgerechtes Üben ist auch mit dem Rechtschreiblehrgang von POLLERT und SENNLAUB möglich; allerdings habe ich immer nur mit ausgewählten Karten gearbeitet, als Gesamtlehrgang hätte die Kartei zeitlich unsere Arbeit gesprengt.
Empfehlenswert ist auch das Trainingsprogramm von BALHORN u. a., dieses Material läßt sich ebenfalls gezielt in die eigene Arbeit integrieren. Die Wortlisten konnten wir z. B. in unseren Übungshefter einordnen. Unverzichtbar für meine Grundwortschatzarbeit sind die weiteren im Literaturverzeichnis aufgeführten Titel von PETER, MANZ, KRICHBAUM, SENNLAUB, 1987[3].

Selbsterstellte Arbeitsmittel

Sie machen den größten Teil unseres Materials aus, da die Menge kontinuierlich wächst.
Als Materialien brauchen wir:
- Karteikarten von DIN A8 bis DIN A4 in verschiedenen Farben, liniert, kariert, unliniert,
- Kataloge zum Ausschneiden von Bildern, die wir nicht selbst malen oder zeichnen können,
- Plakatkarton,
- Tapeten oder Rückseiten von Plakaten, Postern,
- Filz- und Folienstifte,
- Folien,
- Klarsichthüllen, z. B. auch Rezepthüllen für Gedichte, Partnerdiktate, Rätsel,
- Karteikästen oder Kartons, die wir bekleben und beschriften,
- Register.

Im Zusammenhang mit der Grundwortschatzarbeit sind folgende Arbeitsmittel erstellt worden: die Wörterkiste, die Lernwörterkartei, Texte für Dosendiktate,Texte für Partnerdiktate, Rechtschreibspiele.
Wörterkiste und Lernwörterkartei enthalten vom 1. Schuljahr an alle Lernwörter, aktuelle Lernwörter werden jeweils systematisch ergänzt. Zu Beginn des 2. Schuljahres ist die Wörterkiste mit Kenntnis des Alphabets nach dem ABC geordnet, während die Lernwörterkartei die Lernwörter der Woche in der Chronologie widerspiegelt.
Texte für Dosendiktate in beschrifteten Briefumschlägen und Texte für Partnerdiktate in Klarsichthüllen entstehen situativ, teils von mir teils von den Kindern erstellt. Sie werden in einem Schuhkarton gesammelt.

Weitere Karteien sind auf Anregung der Kinder angelegt worden, beim Üben und Wiederholen entstanden aus Arbeitsergebnissen neue Ideen zum Sammeln und Ordnen.
Bei der *Wortartenkartei* werden die Lernwörter auf DIN-A6-Karteikarten in den festgelegten Signalfarben geschrieben.
Bei Wortsammlungen unter verschiedensten Aufgabenstellungen fanden Kinder ihre Ergebnisse so lohnend, daß sich daraus neue Ordnungskriterien ergaben. So entstand eine *Wörtersuchkartei.*
Als halbfertige Materialien liegen bereit zum Üben und Wiederholen von Lernwörtern: Linierte Karten für Übungsschieber, Streifen für Verbenbäume, Wortlisten.

Rechtschreibspiele

Auch in diesem Bereich gibt es inzwischen eine Fülle von Materialien.
Die bekannten Spielformen *Lotto, Memory, Domino, Bingo, Quartett, Trio, Schwarzer Peter* und *Würfelspiele in vielerlei Formen* werden unterschiedlich angeboten: als inhaltliche Themen wie z. B. Zoo, Bäume, Kleidung, Verkehr oder unter rechtschreibspezifischen Themen wie z. B. Wörter mit Doppelkonsonanten, Wörter mit Umlaut a/ä, au/äu, Adjektive mit -ig, -lich, Nomen mit -heit, -keit, -ung, zum Auslauttraining, zur Reimwortbildung, zur Wortartbestimmung, zu Wortfamilien, Personal- und Zeitformen von Verben, Wortbildung mit Vor- und Nachsilben.
Für die Unterrichtspraxis gibt es Auswahlkriterien:

- Sind Haltbarkeit (Material) und Handhabbarkeit (z. B. Kartengröße) angemessen?
- Können meine Kinder die Ordnung und Übersicht selbständig leisten? (Unvollständige Spiele werden zum Störfaktor und Dauerärgernis.)
- Gibt es eine Passung zu unseren Lernwörtern?

- Sind die Spielregeln einfach, eindeutig, verständlich, variabel?
- Sind die Spielformen und Spielregeln so angelegt, daß die Wörter, Wortformen, Aufgabenstellungen genaues Lesen, Aufschreiben oder Buchstabieren und Kommentieren ermöglichen oder fordern?

Ich habe gute Erfahrungen damit gemacht, auch hier die Kinder selbst aktiv werden zu lassen. Im 1. Schuljahr ergaben sich mit den Wortkarten der Wörterkiste Übungen in Form von Memory, Bingo, Domino zum Training aktueller Wörter und zur Wiederholung. Daraus entwickelte sich das Interesse, die Lernwörter der Woche auch daraufhin zu überprüfen, zu welcher Spielform sie brauchbar waren. Spielregeln wurden entwickelt, erprobt, verändert, aufgeschrieben.
Als Material wurden drei Formate auf Karton kopiert, mit der Schneidemaschine geschnitten, als Leerkarten bereitgestellt: 7 cm x 10 cm für Kartenspiele; Quadrate, Rechtecke in verschiedenen Farben als Wende-, Aufgaben- und Ereigniskarten für vielerlei Spiele.
Im 3. und 4. Schuljahr galt das besondere Interesse der Entwicklung von Spielplänen von Würfelspielen. Sie wurden in Partner- und Kleingruppenarbeit erstellt. So entstanden das *Stadtspiel*, das *Ritterspiel*, das *Märchenspiel*, das *Europaspiel*, das *Waldspiel*.
Themen und Ziele des Sach- und Sprachunterrichts, Malen, Zeichnen, Werken, Lesen, Schreiben, Sprechen werden so handelnd geübt und wiederholt. Und immer wieder wurden Spiele mit nach Hause genommen, um sie mit Eltern, Geschwistern, Freunden zu spielen.

Unterrichtsbeispiele

Auch wenn Grundwortschatzarbeit ein wichtiges Prinzip meiner (Recht/-) Schreibarbeit in der Grundschule ist, bestimmt sie nicht die Thematik unserer Unterrichtseinheiten, -vorhaben, Projekte oder Freiarbeit. Konkrete Unterrichtsthemen ergeben sich in der gemeinsamen Arbeit, werden durch Lehrende und Kinder, durch Sprach- oder Lesebücher angeregt.
Für die jeweiligen Schreibanlässe legen wir die neuen Lernwörter fest, wiederholen thematisch relevantes „altes“ Wortmaterial, entdecken Regelungen, wenden beim Schreiben Gelerntes an, benutzen Rechtschreibhilfen und Arbeitstechniken zum richtigen Schreiben, beim Kontrollieren und Korrigieren insbesondere auch bei Texten, die in irgendeiner Form „veröffentlicht“ werden. In den folgenden Beispielen werden thematischer Rahmen, Intentionen und Lernziele nur grob skizziert, den Schwerpunkt der Darstellungen bildet die unterrichtliche Konkretion der Arbeiten zur Sicherung und zum Ausbau des Grundwortschatzes.

Bei Wind und Wetter – Klasse 3

Das Thema bezieht außer Deutsch die Fächer Sachunterricht (Wetter und Jahreszeiten, sich witterungsgerecht verhalten), Kunst/Textilgestaltung und Musik ein. Im Deutschunterricht werden dabei alle Teilbereiche fachimmanent und fachübergreifend integriert: Sprechen, Lesen, Schreiben, Rechtschreiben, Sprachuntersuchungen. Die Wortauswahl der Lernwörter und thematische Aspekte wurden durch den Zeitpunkt mitbestimmt: Es war Herbst.
Kinder dieses Alters haben zahlreiche eigene Erfahrungen mit dem Thema gemacht und Kenntnisse erworben, sie sollen jetzt genutzt, erweitert und vertieft werden. Das Thema Wetter ist für die Kinder bedeutsam, es bestimmt sowohl ihren eigenen Alltag (Spiele, Unternehmungen, Pausengestaltung, Kleidung u. v. a. m. sind wetterabhängig), und in ihrer personalen und medialen Umwelt erleben sie „alle reden vom Wetter“. In der Natur erfahren sie – hoffentlich noch! – Wind und Wetter, Jahreszeiten mit allen Sinnen.

Erfahrungen
Erlebnisse, Ereignisse, Wünsche, Vorlieben und Abneigungen werden *erzählt*.
Beobachtungen werden *berichtet*.
Wetterberichte werden *gehört, gelesen, vorgelesen, ausgewertet, fachsprachlich geklärt*.
Erfahrungserweiterung
Wetter- und Herbstbeobachtungen mit allen Sinnen werden *angeregt, notiert*.
Verschiedene Textsorten zum Thema (Wetterberichte, Lexika, Geschichten und Gedichte) werden gelesen und geschrieben. Dazu werden als Fundstellen für Texte genutzt: Sprach- und Lesebuch, Sachunterrichtsbuch und/oder -kartei(en), Klassen-, Schul-, Stadtbücherei, Zeitungen, Kinderbücher.
Unterrichtsgänge, außerschulische Lernorte werden einbezogen.

Schreibsituationen
- Mein Wettertagebuch oder tägliches Wetterprotokoll (Ergänzung zum Ich-Buch. Die Kinder können entscheiden, ob sie in freier Form oder stärker sachbezogen schreiben.)
- Gestaltung von „Wetterbildern“,
- schreibender Umgang mit Gedichten,
- Erstellung eines Wetterbuches oder einer Wetterkartei,

- Spielebuch oder -kartei: Spiele, Spielmaterial für die Regenpause und Freizeitgestaltung bei „schlechtem Wetter",
- Überarbeitung der Regeln für Pausengestaltung,
- Dokumentation der Unterrichtseinheit im „Klassenbuch",
- Arbeitsanleitung zum Basteln eines Windrades.

Lernwörter:	*Wiederholung häufiger Schreibwörter:*
stark	der Regen
schwach	regnen
der Sturm	die Sonne
stürmisch	heute
der Wind	morgen
windig	das Buch
die Wolke	der Baum – die Bäume
wolkig	das Blatt – die Blätter
gestern	
das Wetter	

Liste weiterer schreibhäufiger Wörter:

manchmal	der Regenbogen
oft	der Himmel
das Gewitter	die Temperatur
der Blitz	das Thermometer
blitzen	der Herbst

Alle Lernwörter sind Gebrauchswörter im aktiven und passiven mündlichen Wortschatz, ebenso häufige Lese- und Schreibwörter. Modellwörter zu Regelungen der Wortbildung und zum Erfassen und Anwenden von Rechtschreibhilfen sind:

stark – stärker	Sturm – stürmisch
schwach – schwächer	Wolke – wolkig
Wind – windig	

Zur Sicherung der Lernwörter wird kontinuierlich über mehrere Tage geübt.

1. Tag:

- Sammeln der Lernwörter auf einer Folie,
- gemeinsame Alphabetisierung als Vorbereitung für das Eintragen ins Lernwörterheft,
- das Eintragen ins Lernwörterheft erfolgt als Abschreiben mit sofortiger Eigen- und Lehrerkontrolle und eventueller Korrektur,

gestern	g
schwach	s
stark	s
der Sturm	S
stürmisch	s
das Wetter	W
der Wind	W
windig	w
die Wolke	W
wolkig	w

- mündliche Kommentierung der Lernwörter:

gestern	ist kein Nomen, also klein geschrieben, genau wie heute,
schwach	ist ein Adjektiv, also klein geschrieben,
stark	ist ein Adjektiv, also klein geschrieben,
der Sturm	ist ein Nomen, deshalb groß geschrieben,
stürmisch	ist ein Adjektiv, also klein geschrieben, Endung -isch,
das Wetter	ist ein Nomen, deshalb groß geschrieben, mit tt – genau wie Retter,
der Wind	Nomen, also Großschreibung, am Ende mit d – ich verlängere: die Winde, windig, Reimwort: Kind,
windig	Adjektiv, also Kleinschreibung, Endsilbe -ig,
die Wolke	Nomen, also groß geschrieben,
wolkig	Adjektiv, also klein geschrieben, Endsilbe -ig.

2. Tag:
Gemeinsame Arbeit: Schreiben der Lernwörter als Eigendiktat (Zeitvorgabe 10 Minuten).
Die Kinder können wählen zwischen
- einer Wörterliste – natürlich nur die Wörter, die sie sicher auswendig aufschreiben können,
- Wortgruppen, z. B. der starke Wind, eine graue Wolke,
- Sätzen, z. B.: Gestern war kein schönes Wetter,
- kleinem Text.

Bei dieser differenzierten Lernzielkontrolle gilt die Regel: Fehler vermeiden. Die anschließende Eigen- und Partnerkontrolle erfolgt wahlweise mit dem Lernwörterheft, meiner inzwischen als Hausaufgabe erstellten Lernwörterkarte oder der Lernwörterfolie.

Gemeinsame Arbeit mit Differenzierungsmöglichkeiten: Üben der Lernwörter mit einer Wortliste.
Die Lernwörter sind vor dem Kopieren der Listen von mir in die 1. Spalte geschrieben worden, ebenso das Thema in der Kopfleiste. Dort tragen die Kinder ihren Namen ein und alle Daten, an denen sie mit dieser Wortliste arbeiten, als Schul- oder Hausaufgabe (die Übungen sollen auf mehrere Tage verteilt sein). Die Kästchen für die Korrektur werden angekreuzt, Eigen- und Lehrerkorrektur mit dem Datum versehen, die Partnerkorrektur mit dem Namenskürzel abgezeichnet.
Im Kopf der Liste ist links und rechts oben Platz für individuelle graphische Gestaltung mit thematischem Bezug, die Kinder zeichnen, malen, kleben ihr „Wind- und Wetterbild" (z. B. Wolken, einen Baum im Sturm, einen wegfliegenden Hut, ein Windrad, ...).
Die erste Bearbeitung der Wortliste umfaßt nur die Spalten 1 bis 3. Die letzten drei Spalten werden als Hausaufgabe oder im Unterricht jeweils in Einzelphasen bearbeitet. Fertige Wortlisten werden in mein Korrekturkörbchen gelegt.

3. und 4. Tag:
Reimpaare bilden

der Sturm	der Wind	das Wetter
der Wurm	das Kind	der Retter

Die Lernwörter regen dazu an, Sprache, Wortbildung zu untersuchen:

der Wind	–	windig
das Kind	–	kindisch
	–	kindlich
die Hand	–	handlich
der Freund	–	freundlich
der Rand	–	
das Bad	–	
der Sturm	–	stürmisch
die Wolke	–	wolkig
die Sonne	–	sonnig
der Regen	–	regnerisch

Wir finden heraus,
- manchmal gibt es kein Adjektiv,
- die Adjektive können verschiedene Endungen haben: -ig, -isch, -lich.

Wortliste zum Thema: *Bei Wind und Wetter*

Name: ____________

Datum: ____________

O Eigenkorrektur
O Partnerkontrolle
O Lehrerkontrolle

genau lesen, Schwieriges markieren	abschreiben	kontrollieren und korrigieren	ordnen nach: O Schwierigkeit O Wortarten O Wortlänge O	O Mehrzahl schreiben O trennen O	O Eigendiktat O Partnerdiktat O
gestern					
schwach					
stark					
stürmisch					
dem Sturm					

Nach der Beendigung des Wortlistentrainings beginnen Wahlaufgaben. Aufgabenstellungen werden gemeinsam gesammelt, danach in frei gewählter Sozialform gearbeitet, die Ergebnisse allen präsentiert:

- Erstellen einer Tabelle mit Wetterwörtern (Karteikarten für unsere Wörtersuchkartei, Grundwortschatzsicherung durch Wiederholung, Wortartentraining).

Wetterwörter		
Namen	Verben	Adjektive
der Wind	wehen	windig
das Wetter		warm, kalt, schön
der Sturm	stürmen	stürmisch
die Wolke	ziehen, auftürmen	wolkig, grau, weiß
die Sonne	scheinen, wärmen, strahlen	hell, grell
der Regen	regnen, fallen	regnerisch
der Schnee	schneien	verschneit
das Eis		eisig, eiskalt, vereist
das Gewitter		
der Blitz	blitzen, zuckt	

- Wir suchen Wortzusammensetzungen (auf Plakaten, Folien, Karteikarten):

erwärmen	verschneit
erkälten	verregnet
	verweht
Regenschirm	Dauerregen
Nieselregen	Regenmantel
Regenwetter	Regenfälle
Sonnenschirm	Sonnenstrahlen
Sonnenschein	
Schneeregen	Sommerwetter
Schneemann	Herbstwetter
Schneeflocken	Winterwetter
Schneefall	Frühlingswetter
Schneetreiben	Wetterkarte
Schneeball	Wetterbericht
Schneesturm	

○ Wir wiederholen, erweitern unsere Liste mit tt:

tt
das Wetter
das Gewitter
das Blatt
die Blätter
bitte
bitten
glatt
klettern
der Mittag
die Mitte

○ Was ich mag/nicht mag – bei Wind und Wetter: *Was ich bei Regenwetter/Hitze gern tue/nicht gern tue.*
Diese ABC-Sammlungen mögen viele Kinder und finden Varianten für fast jedes Thema.

Was ich mag	Wetter	Was ich nicht mag
Affenhitze		Dauerregen
Bruthitze		eiskalte Füße
Chlorwasser		

Was ich bei Regenwetter (gern) tue

aufräumen	am Fenster stehen
bummeln	aus dem Fenster gucken
Cola trinken	
dösen	
...	
Hausaufgaben machen	
im Bett bleiben	
jaulen	
lesen	

○ Wortkarten (Adjektive, Nomen, Verben, Sonstige) für unsere Rechtschreibspiele schreiben.

○ Riesenwetterwörter bauen: Wetterberichtsprecher, Wetterfroschaquariumswärter, Windradbauanleitung, Regenschirmreparaturwerkstatt.

- Wortlisten mit Wetterwörtern machen.
- Abschreibtexte oder Partnerdiktate rund ums Wetter suchen, umschreiben, schreiben.
- Wetterbilder machen.
- Wetterwortbilder machen.
- Herbstgedichte suchen, klanggestaltend lesen, schreibmalend gestalten, auswendig lernen.

5. Tag:

Lernzielkontrolle der Lernwörter in Form eines differenzierten Diktats (24 Wörter, normal = alte Lernwörter, *kursiv* = neue Lernwörter):

Bei *Wind* und *Wetter*
Wir haben jeden Tag das *Wetter* beobachtet.
Wir konnten Regen, Sonne und viele *Wolken* sehen. *Gestern* war es sehr *windig*.

(Erweiterter Text: 22 Wörter, *Herbst/fühlen* = häufige Schreibwörter):

Der *Wind* holte immer mehr *Blätter* von den
Bäumen. Wenn es morgen *stürmisch* wird,
können wir den *Herbst* auch hören und *fühlen*.

(Langtext: 21 Wörter):

In der nächsten Woche wollen wir ein Windrad
bauen. Wir wollen auch ein *Wetterbuch* machen.
Ganz wichtig: Spiele für *Regenpausen* sammeln.

Freier Text: *Dein Lieblingswetter* oder: *Deine Wetter-Wörter-Liste*.

Unsere Diktattexte sind *echte Diktate,* d. h., sie orientieren sich am jeweiligen Thema, fassen zusammen, vertiefen, geben Ausblicke auf die Weiterarbeit. Die Texte werden von freiwilligen Schreibern in unser Klassentagebuch geschrieben, durch Zeichnungen von anderen Kindern ergänzt, ebenso durch Liedtexte, Gedichte und Bastelarbeiten. Sie werden nicht direkt – als Übungen – für das Diktat vorbereitet, sondern indirekt durch die vorangegangenen Rechtschreibübungen. Die Kinder sollen zunehmend selbst entscheiden lernen, ob sie sich auf den Grundtext beschränken, um Fehler zu vermeiden, oder ob sie auch den erweiterten Text und den Langtext schreiben. Die freie Aufgabenstellung dürfen auch Kinder wählen, die nur den Grundtext geschrieben haben. Wer nicht mehr nach Diktat mitschreibt, darf seinen Text mit Hilfe des Lernwörterheftes und/oder des Wörterbuches kontrollieren und korrigieren.
Für die Nachbereitung erhalten alle Kinder die Teile 1 bis 3 als Korrekturblatt mit der Aufgabenstellung: Markiere alles, was du falsch geschrieben hast, unterstreiche das Wort und die Fehlerstelle.

Individuelle Fehlerwörter aus dem Grundwortschatz werden dann einzeln auf Wortkarten geschrieben und mit dem Fehlerkasten geübt.
Zu Häufigkeitsfehlern der Klasse erstelle ich eine Wortliste:

genau lesen, Schwieriges markieren	abschreiben	kontrollieren, korrigieren	kommentieren	Partnerdiktat
wichtig				
richtig				
nächste Woche				
am nächsten Tag				
im nächsten Jahr				
ganz				
ganz schnell				
ganz langsam				

Zur Regelerfassung werden gemeinsam Übungen durchgeführt.
Lösungshilfen:
Verlängern zur Auslaut- und Vokalschreibung: d – t, a – ä (Blatt – Blätter), au – äu (Baum – Bäume). Kleinschreibung von Zeitangaben: heute, morgen, vorgestern, übermorgen.
Zur *Nachbereitung* gehört auch die gemeinsame *Reflexion* darüber, wie weit das differenzierte Schreiben nach Diktat als Verfahren reibungslos abläuft. Schwierigkeiten bei der Selbsteinschätzung (sich zu viel oder zu wenig zuzutrauen) werden in Einzelberatungen geklärt.

Die Zusatztexte können nach der Korrektur als Lesetexte ausgehängt oder in einer Textmappe gesammelt werden. Ein differenziertes Diktat ist *eine* mögliche Form der Lernzielkontrolle, mit der der Lernstand hinsichtlich zentraler Lernziele festgestellt werden kann:
- die Schreibsicherheit aktueller und „alter" Lernwörter,
- die Fertigkeiten und Fähigkeiten, eigene Texte mit Hilfsmitteln zu kontrollieren und eventuell korrigieren,
- die Selbsteinschätzung und Selbständigkeit (Fehlersensibilität, Konzentrationsfähigkeit) hinsichtlich eigener Leistungsfähigkeit,

- Bestätigung der eigenen Übungsintensität durch Erfolg und Konkretion von individuellen und allgemeinen Unsicherheiten.

Solche differenzierten Diktate können auch als Klassenarbeiten zensiert werden (BARTNITZKY u. a. 1992[4]).

Freizeit – Klasse 4

Das Thema Freizeitgestaltung gewinnt in der Gesellschaft zunehmend an Bedeutung. Die Kinder wiederum erleben und erfahren die Einteilung und Verwendung von Zeit sowie ihre freie Zeit sehr unterschiedlich. Das reicht in derselben Klasse von totaler „Verplanung“ durch Erwachsene bis zu ständiger Langeweile, weil niemand Zeit für sie hat, sie selbst (noch) nicht gelernt haben, ihre Freizeit selbst sinnvoll zu gestalten.

In dieser Unterrichtseinheit soll durch Erfahrungsaustausch und Beobachtung das Bewußtsein geweckt bzw. erweitert werden, mit Zeit planvoller umzugehen, Freiräume selbstbestimmter zu nutzen und zu gestalten. Dazu gehören sehr individuelle Aspekte (eigene Interessen, Neigungen, Fähigkeiten) ebenso wie auch der Bedingungsrahmen des sozialen Umfeldes (Familie, Wohnort, Pflichten und Aufgaben in Elternhaus und Schule, ökonomische Bedingungen).

Vielfältige Erfahrungen haben alle Kinder mit Menschen, die „nie Zeit haben“, die Hektik und Streß erleben und verbreiten sowie sinnvoll gestaltete Freizeit kaum kennen. Neben den fachlichen Lernzielen ist deshalb eine übergreifende Intention, mit den Kindern Möglichkeiten zu entwickeln, wie sie zunehmend selbst und bewußt mit „ihrer Zeit“ umgehen, Freizeit planen und mit anderen sinnvoll gestalten.

Das Thema bezieht alle Fächer und alle Teilbereiche des Faches Deutsch ein.

Sprechsituationen

- Vorstellen eigener Tages- und Wochenabläufe: Ich stelle meine Hobbys, Lieblingsspiele, Lieblingsbücher, meinen Verein, … vor.
- Ich werbe für mein(e) …
- Sprichwörter, Redensarten, Zitate zum Thema Zeit/keine Zeit haben werden gesammelt und diskutiert.

Lesen

- Texte und Gedichte zum Thema,
- Bücherkiste aus der Stadtbücherei,
- Infotexte über Freizeitangebote in der Stadt, Region,
- Rollenspiele, szenisches Spiel.

Schreibsituationen

- Individuelle Tages- und Wochenpläne für unterrichtsfreie Zeit schreiben.
- Ein Lesetagebuch/Fernsehtagebuch schreiben, erproben.
- Meinen/deinen Steckbrief erstellen.
- Ich-Buch erweitern.
- Freizeitfragebogen entwickeln, erproben.
- Gedichte zum Thema Zeit/Freizeit ab-, um-, weiterschreiben.
- Lieblingsspiele, Rezepte, Buchtips in einer Kartei sammeln.
- Einen eigenen Tagesplaner oder Terminkalender entwickeln.
- Meine Traumreise/Traumschule/Zeitreise in die Vergangenheit oder Zukunft beschreiben.

Unterrichtsgänge auswerten

Ausstellung, Freizeitkarte erstellen: Freizeitmöglichkeiten und -angebote rundum.

Rechtschreiben

Die Anzahl neuer Lernwörter zum Thema Freizeit ist größer, die Unterrichtseinheit erstreckte sich über zwei Schulwochen, dadurch verlängerte sich auch der Übungszeitraum.

Lernwörter:

Hobby	Sendung	telefonieren
Computer	Musik	selbst
Video	Kino	vielleicht
Sport	Pferd	schenken
		tauschen
		basteln
		besonders

Alle Wörter sind häufige Gebrauchswörter im Sprech-, Lese- und Schreibwortschatz. Als Modellwörter für das weitere Rechtschreiblernen sind wichtig:

Hobby	y nicht i,
Computer	C statt K im Anlaut,
Video	V statt W wie in Vase,
die Sendung	Endung -ung als Signal für Nomen wie Endung, Zeitung,
Musik	k statt ck in Fremdwörtern wie Physik,
Pferd	Pf als Anlaut, beim Sprechen kaum hörbar, wie Pfund, Pfad,
telefonieren	-ieren wie interessieren,
vielleicht	v statt f, -ie wie vier.

Schreibhäufige alte Lernwörter:

der Fußball	sammeln
Fußball spielen	langweilig
interessieren	die Kassette
interessant	

Bei diesem Thema war die Liste „eigener“ Schreibwörter besonders wichtig und besonders vielfältig: Über ihre Hobbys sprechen, schreiben, lesen die jeweiligen Kinder viel und gern. Diese Wörter sind für sie bedeutsam, die möchten sie auch richtig schreiben können. Eigene Wörter wurden bei diesem Thema deshalb nicht auf einer gemeinsamen Liste, sondern auf persönlichen Listen gesammelt, im „Anhang“ des Lernwörterheftes eingetragen – nach Lehrerkorrektur.

Der Umgang damit erfolgt differenziert – einige Kinder üben und lernen diese Wörter u. a. durch häufige Anwendung, andere benutzen die Sammlung zur Kontrolle und Korrektur ihrer Texte. Einige Beispiele für eigene Wörterlisten:

das Ballett	der Trainer
das Training	der Schiedsrichter
trainieren	das Trikot
die Aufführung	der Verein
	ein Turnier
	die Fans

das Pony	
das Reitturnier	der Recorder
die Bürste	die CD
die Peitsche	die Disketten
die Kappe	

Sprachliche Regelungen – Lösungshilfen

- Zeit- und Personalformen von Verben,
- Zusammengesetzte Nomen und Verben,
- Schreibung häufiger Fremdwörter: Video, Computer, -ieren,
- Kleinschreibung von Adjektiven vor Nomen.

Zur Sicherung der Lernwörter wird kontinuierlich über mehrere Tage geübt.

1. Tag:

- Sammeln schreibhäufiger Wörter an der Tafel.
- Wir trennen nach neuen und alten Lernwörtern und nach „eigenen“ Wörtern für Spezialthemen der verschiedenen Hobbys.

- Alphabetisches Ordnen der Lernwörter auf Folie am Tageslichtprojektor.

	basteln		schenken
	besonders		selbst
der	Computer	die	Sendung
das	Hobby	der	Sport
das	Kino		tauschen
die	Musik		telefonieren
das	Pferd	das	Video
			vielleicht

- Mündliches Kommentieren der Wörter nach Auffälligkeiten, Schwierigkeiten.
- Eintragen der Wörter ins Lernwörterheft einschließlich Kontrolle und evtl. Korrektur.
- Beginn der Sammlung eigener Wörter auf DIN-A5-Karteikarten, Weiterführung als Hausaufgabe.

2. Tag:
- Schreiben der Lernwörter als *Eigendiktat* – eine erste differenzierte Lernzielkontrolle, welche Wörter schon „gesichert" sind.
- Erstellen einer Wortliste zum Training der Lernwörter in Einzel- oder Partnerarbeit. Dabei sollen die Anzahl der Übungsspalten und die Aufgabenstellung selbständig gewählt werden. Die Listen können analog zum Thema „Rezepte" erstellt werden.

3. Tag:
Arbeit mit Wortfamilien und Wortzusammensetzungen:

Sport	*Computer*	*Hobby*
Sportler	Computertisch	Hobbybastler
Sportplatz	Heimcomputer	Hobbyraum
Sportverein	Computerladen	Hobbymarkt
Sportkleidung	Computerfirma	Hobbysportler
Wintersport	Computerprogramm	Hobbymaler
Wassersport	Computersprache	
Schwimmsport		
Radsport		
Leistungssport		
Leistungssportlerin		

Wortliste zum Thema: Freizeit

Name: ____________________

Datum: ____________________

O Eigenkorrektur
O Partnerkontrolle
O Lehrerkontrolle

abschreiben, Schwieriges markieren	abschreiben	kontrollieren, korrigieren	ordnen nach: O Schwierigkeit O Wortarten O Wortlänge	Mehrzahl oder trennen	O Eigendiktat O Partnerdiktat O Übungsdose

Wortliste zum Thema: Freizeit

Name: ____________________

Datum: ____________________

O Eigenkorrektur
O Partnerkontrolle
O Lehrerkontrolle

abschreiben, Schwieriges markieren	kontrollieren, korrigieren	ordnen nach: O Schwierigkeit O Wortarten O Wortlänge	buchstabieren, kommentieren	Mehrzahl oder trennen

Video	*Musik*	*Pferd*
Videofilm	Musikgeschäft	Rennpferd
Videothek	Musiker	Reitpferd
Videorecorder	Musikinstrument	Springpferd
Videospiele	Tanzmusik	Lieblingspferd
Videogerät	musikalisch	Pferdestall
	Hausmusik	
	Pop-Musik	

4. Tag:

- Wortsammlung von seltenen Wörtern mit den Hilfsmitteln Lernwörterheft, Wörterbuch: Die Wortsammlungen werden als Wandplakate erstellt.
- Weitere Wörter werden kontinuierlich ergänzt, wenn sie für uns „bedeutsam“ werden, wenn wir sie entdecken.

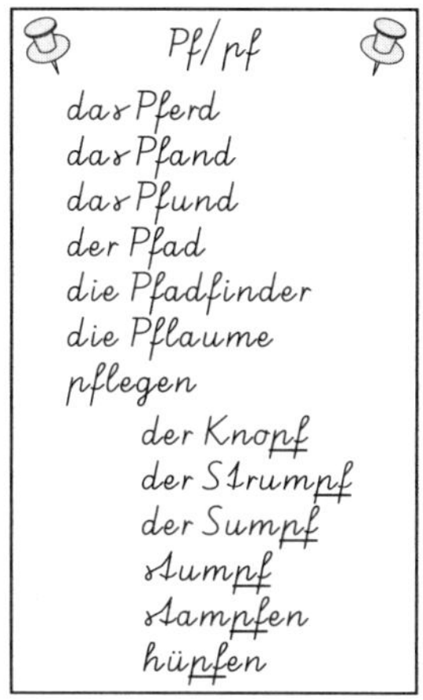

5. Tag:

- Arbeit mit Verben: Die neuen Verben aus der Lernwörterliste und Verben aus den Texten werden in Personal- und Zeitformen geübt.
- Die Kinder wählen zwischen Arbeit mit dem Verbenbaum (vgl. S. 57 f.) und Verbentraining mit der Signalgruppe -ieren:

interessieren	trainieren	telefonieren
verlieren	signalisieren	spezialisieren
musizieren	kontrollieren	korrigieren
kopieren	addieren	subtrahieren
multiplizieren	dividieren	

6. Tag:

Differenzierte Arbeit als Einzel-, Partner-, Gruppenarbeit:

- Problemwörter an Hand des Fehlerkastens prüfen.
- Wortkarten mit Lernwörtern für Rechtschreibspiele erstellen.
- Texte für Partnerdiktate oder Dosendiktate zum Thema „Freizeit“ schreiben oder abschreiben, kontrollieren, korrigieren, kopieren.

7. Tag:

- Zeit-Wörterliste erstellen: In den Texten stellte sich die Kleinschreibung der Zeitadverbien als Rechtschreibschwierigkeit bei den meisten Kindern heraus.

  Zeitwörter

heute	morgens	spät
morgen	mittags	jetzt
übermorgen	nachmittags	manchmal
gestern	abends	immer
vorgestern	nachts	nie
bald	früh	irgendwann

Es werden Sätze mit diesen Zeit-Wörtern geschrieben zu den Themen: Mein Hobby. Mein Tagesablauf. Auch Unsinnsätze sind erlaubt.

8. Tag:

Differenzierte Aufgabenstellung, Sozialform nach Wahl:

- Eintragen der „eigenen" Wörter ins Lernwörterheft.
- Mit Rechtschreibspielen üben.
- Arbeit mit dem Fehlerkasten.
- Wortlistentraining.
- Zeit-Wörter-Wortliste erstellen.
- Wortgruppen zum Thema „Freizeit" aufschreiben nach dem Muster: Mein größtes Hobby. Mein schönstes Tor.
- -ung-Wörter sammeln, z. B. die Sendung.

9. Tag:

Ein Hobby-Verbentraining: Zum Abschluß der Rechtschreibarbeit werden noch einmal Verben in den Blick genommen. Lernziele sind dabei das Erkennen der Wortart, genaue Wortwahl bei Tätigkeiten.

Die Kinder wählen dazu eine Übungsform, die sie seit dem 2. Schuljahr kennen und besonders gern anwenden.

Was mein Hund alles kann/Was mein Hund nicht tun soll

er bellt	nicht betteln
er knurrt	nicht weglaufen
er frißt	nicht anspringen
er säuft	nicht gehorchen
er rennt	
er springt	
er beißt	
er paßt auf	
er schläft	

Mein Hobby
Was meine Hände alles tun

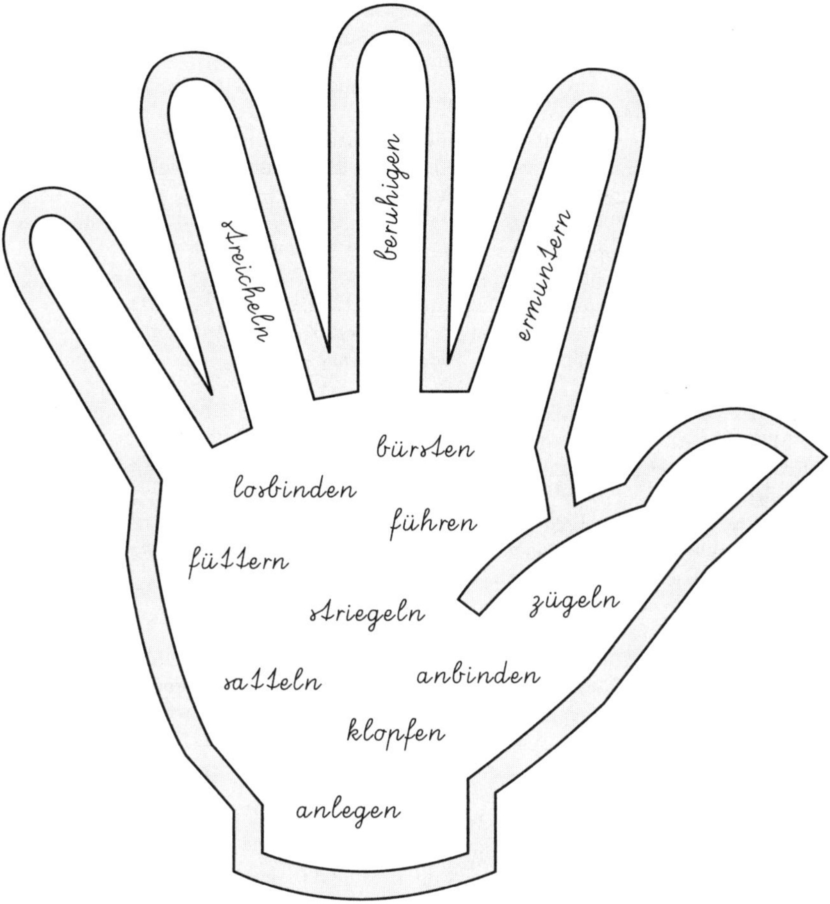

Literatur

BALLHORN, H. u. a.: WLT Wortlistentraining. Hamburg (Neue pädagogische Medien) 1990

BARTNITZKY, H. (Hrsg.): Umgang mit Zensuren in allen Fächern. Lehrer-Bücherei: Grundschule. Frankfurt/Main 1992[3]

BARTNITZKY, H. u. a.: Differenzierte Diktate: Klassen 3 und 4. Reihe: Lehrer-Bücherei: Grundschule. Frankfurt/Main 1992[4]

BARTNITZKY, H./CHRISTIANI, R.: Zeugnisschreiben in der Grundschule. Heinsberg 1994

BARTNITZKY, H./CHRISTIANI, R. (Hrsg.): Die Fundgrube für jeden Tag. Lehrer-Bücherei: Grundschule. Frankfurt/Main 1995

GUGGENMOS, J.: Was denkt die Maus am Donnerstag. München 1980

HALLE, W./JANOSCH, H: Bilder und Gedichte für Kinder. Braunschweig 1990
Bilder und Geschichten für Kinder. Braunschweig 1990[2]

KRICHBAUM, G./KAWEL, G.: Mit Schrift gestalten. Braunschweig 1989

MANZ, H.: Worte kann man drehen. Weinheim und Basel 1974

MENZEL, W.: Orthographie. Praxis Deutsch, Heft 32. Seelze 1978
Rechtschreibfehler – Rechtschreibübungen. Praxis Deutsch, Heft 69. Seelze 1985
Aus Fehlern lernen. Beiheft zu Praxis Deutsch Heft 69. Seelze 1985

MENZEL, W./SANDFUCHS, U.: Im Wörterbuch nachschlagen. In: Grundschule, Heft 1/1992. Braunschweig
Im Wörterbuch nachschlagen. In: Praxis Grundschule, Heft 1/1992. Braunschweig

NAEGELE, I./VALTIN, R. (Hrsg.): Rechtschreibunterricht in den Klassen 1–6. Beiträge zur Reform der Grundschule, Heft 56/57. Frankfurt (Arbeitskreis Grundschule – Der Grundschulverband – e. V.) 1994[3]

NAUMANN, C. L.: Rechtschreibwörter und Rechtschreibregelungen. Soest 1990[3]

NIEDERSTEBERG, I.: Aufbau eines Grundwortschatzes Klasse 1 und 2. Reihe: Lehrer-Bücherei: Grundschule. Frankfurt/Main 1992[4]

ODENBACH, K.: Die Übung im Unterricht. Braunschweig 1974[6]

PETER, B. u. a.: Das Sprachbastelbuch. Wien/München 1975

POLLERT, M./SENNLAUB, G.: CVK-Rechtschreiblehrgang. (3. und 4. Schuljahr) Berlin 1992

RIEHME, J.: Grammatik/Orthographie. Zur Theorie und Praxis des Unterrichts. Berlin 1986

SENNLAUB, G. (Hrsg.): Heimliches Hauptfach Rechtschreiben. Heinsberg 1984
So wird's gemacht. Grundwortschatz – Auswahl und Arbeit. Heinsberg 1983
Und mittendrin der freche Hans. Bielefeld 1987[3]

SPITTA, G. u. a.: Rechtschreibunterricht. Braunschweig 1977

SPITTA, G.: Schreibkonferenzen in Klasse 3 und 4. Lehrer-Bücherei: Grundschule. Frankfurt/Main 1993[2]

STILLER, G./BRENDER, I.: JA-Buch für Kinder. Weinheim und Basel 1974

STILLER, G./KILIAN, S.: NEIN-Buch für Kinder. Weinheim und Basel 1982

SÜSELBECK, G.: Das Diktat wird abgeschafft – was nun? (Serie) In: Grundschule Heft 7–8/91, 10/91, 12/91, 2/92, 4/92. Braunschweig
Differenzierte Diktate. In: Grundschule Heft 7–8/1995. Braunschweig
Sachgerechte Leistungsmessung beim Rechtschreiben. In: Grundschule, Heft 7–8/95. Braunschweig

SÜSELBECK, G./GLINZ, E.: Was gibt es Neues im Rechtschreibunterricht? Grundschule Heft 1/1995. Braunschweig
Rechtschreiben. Praxis Grundschule, Heft 1/1995. Braunschweig

VESTER, F.: Denken, Lernen, Vergessen. München 1978